Σ BEST
シグマベスト

高校 これでわかる問題集

英文法基礎

文英堂編集部 編

文英堂

この本の特色

徹底して基礎力を身につける

本書では、扱う内容を高校で学習する英文法の基本事項に絞りました。英文の構造や文法の基本を理解していなければ、長文を読むことも英語で自分の考えや意見を書くことも容易ではありません。入試に対応できる力をつけるために、まず本書で**英文法の基本的な問題をくり返し学習**し、しっかりした基礎力を身につけましょう。

便利な書き込み式

利用するときの効率を考え、**書き込み式**にしました。問題のすぐ下に解答を書けばいいので、ノートを用意しなくても大丈夫です。実際に答を書くことで単語のつづりや動詞の変化形などが即座に確認できます。答を書いたら別冊解答で必ず答え合わせをしましょう。

参考書とリンク

内容の配列は参考書「これでわかる英文法」と同じにしてあります。また、参考書で取り上げている基本例文を本書でも用いているので、くわしい内容を確認したいときは、参考書を利用するとより効果的です。

くわしい別冊解答

別冊解答には、くわしい解説と英文の日本語訳を載せています。間違えた問題やわからなかった問題はしっかり解説を読みましょう。

この本の構成

解説と練習問題

左ページに基本例文と解説、右ページに練習問題の見開き構成です。

2 基礎を固める問題を解こう

左ページの基本例文1, 2, 3…にそって問題を載せています。また練習問題の英文は基本例文に似たものを使用しています。わからないところがあるときは、左ページの解説に戻ってすぐに確認ができます。

テストによく出る問題にチャレンジ

「基礎を固める問題を解こう」の後は「テストによく出る問題にチャレンジ」に挑戦しましょう。実際に過去の入試に出た問題や入試に出される可能性のある問題を掲載しました。英文法の基本事項がテストではどういう形で出題されるか、またそれらに対応できる力がついているかを確認しましょう。

もくじ

- ☆ 高校英語をはじめる前に ……… 4
- 1 文の種類 ……… 6
- 2 動　詞 ……… 8
- 3 文の構造 ……… 10
- ○テストによく出る問題にチャレンジ…… 12
- 4 現在形・過去形 ……… 14
- 5 進行形；未来を表す表現 ……… 16
- ○テストによく出る問題にチャレンジ…… 18
- 6 完了形(1) ……… 20
- 7 完了形(2) ……… 22
- ○テストによく出る問題にチャレンジ…… 24
- ☆ 不規則動詞の変化表 ……… 26
- 8 助動詞(1) ……… 28
- 9 助動詞(2) ……… 30
- ○テストによく出る問題にチャレンジ…… 32
- 10 受動態(1) ……… 34
- 11 受動態(2) ……… 36
- ○テストによく出る問題にチャレンジ…… 38
- 12 不定詞(1) ……… 40
- 13 不定詞(2) ……… 42
- ○テストによく出る問題にチャレンジ…… 44
- 14 動名詞(1) ……… 46
- 15 動名詞(2) ……… 48
- ○テストによく出る問題にチャレンジ…… 50
- 16 分　詞(1) ……… 52
- 17 分　詞(2) ……… 54
- ○テストによく出る問題にチャレンジ…… 56

- 18 名詞・代名詞(1) ……… 58
- 19 名詞・代名詞(2) ……… 60
- 20 形容詞・副詞 ……… 62
- ○テストによく出る問題にチャレンジ…… 64
- 21 疑問詞 ……… 66
- 22 関係詞(1) ……… 68
- 23 関係詞(2) ……… 70
- ○テストによく出る問題にチャレンジ…… 72
- 24 比　較(1) ……… 74
- 25 比　較(2) ……… 76
- ○テストによく出る問題にチャレンジ…… 78
- 26 前置詞 ……… 80
- 27 接続詞(1) ……… 82
- 28 接続詞(2) ……… 84
- 29 時制の一致；話法 ……… 86
- ○テストによく出る問題にチャレンジ…… 88
- 30 仮定法(1) ……… 90
- 31 仮定法(2) ……… 92
- ○テストによく出る問題にチャレンジ…… 94
- 32 否　定 ……… 96
- 33 倒置・強調・省略・挿入・同格 ……… 98
- 34 名詞表現・無生物主語 ……… 100
- ○テストによく出る問題にチャレンジ… 102

▶ 別冊　正解答集

高校英語をはじめる前に

　高校英語をはじめる前に，英文の成り立ちについて勉強しましょう。日本語との語順の違いや，英文を構成する要素を理解してから英文法を学習すれば，英文法を無理なくマスターしていけるでしょう。

　文とは，いくつかの語が一定の順序に並べられて，まとまった意味を表すものです。英文は必ず大文字で始め，ピリオド（．），疑問符（？），感嘆符（！）のいずれかで終えます。

🔑 1　主部と述部

文には，文の主題を表す部分である**主部**と，主部について説明する部分である**述部**がある。

主　部	述　部
My office （私の会社は	**is** in the center of the city. 市の中心にある）
I （私は	**drive** to my office every morning. 毎朝車で会社に行く）

🔑 2　主語と述語動詞

　主部の中心になる語を**主語**，述部の中心になる語を**述語動詞**という。主語になるのは，名詞，代名詞，および名詞に当たる語句である。なお，主部と主語，述部と述語動詞が一致することもある。上の例文の赤字の部分がそれぞれ主語，述語動詞である。

🔑 3　文は語順が大切

　単語の並べ方で文の表す意味が変わる。単語の並べ方には決まったルールがあるので，自分の思っていることを正確に話し相手に伝えるためには，そのルールに従わなければならない。

(×)① Gave Jack yesterday Mary present a.
(○)② *Jack* gave *Mary* a present yesterday.
　　　（ジャックは昨日メアリーにプレゼントをあげた）
(○)③ *Mary* gave *Jack* a present yesterday.
　　　（メアリーは昨日ジャックにプレゼントをあげた）

左ページの①の文は，並べ方がでたらめなので，文としては成り立たない。②③の文は，並べ方の法則に従った正しい文。ところが，単語の順番が違うだけで意味が全く違ってしまう。**英語の文では言葉を並べる順序が非常に大切**である。

　それに対して，日本語は，「～は〔が〕」という助詞をつけて主語を表すことができる。だから主語は文中のどこにあっても主語だとわかる。ところが，英語には助詞にあたる言葉がないので，言葉の順序によってある語を主語だとわからせる必要がある。つまり，主語が先頭，続いて述語動詞というように，言葉の順序が決まっているのが英語である。

英文の基本語順

語順→	1	2	3	4	5
	主語(は, が)	述語動詞	(に)	(を)	修飾語
	Jack	gave	Mary	a present	yesterday

修飾語の位置は，内容によってある程度のルールはあるが，比較的自由である。

> (1) 英語の文は，単語を並べるのに決まった順序がある。
> (2) 単語の並べ方が違うと，意味も変わってくる。

🗝 4　句と節

　2つ以上の語が1カタマリとなって1つの品詞と同じ働きをするものを**句**という。句はその中に「主部＋述部」を含まない。また，文の一部ではあるが，「主部＋述部」を含むカタマリを**節**という。

🗝 5　品　詞

名　詞：人や物の名前を表す。名詞には，数えられる名詞と数えられない名詞がある。
形容詞：名詞を修飾する。pretty(かわいい)，quiet(静かな)など。
副　詞：名詞以外のさまざまな語を修飾する。very(とても)，often(よく)，slowly(ゆっくり)など。
動　詞：動きや状態を表し，文の要になる語。be動詞と一般動詞の2種類がある。
前置詞：名詞の前に置かれ，「前置詞＋名詞」のカタマリが形容詞や副詞の働きをする。
接続詞：言葉と言葉，文と文をつなぐ。
冠　詞：名詞の前に置かれる a, an, the のこと。

1 文の種類

🗝 1　Yes / No 疑問文

基本例文

① **Are** you a high school student? ― Yes, I **am**. / No, I **am** not.
　　（あなたは高校生ですか。―はい，そうです / いいえ，ちがいます）
② **Do** you often **use** e-mail? ― Yes, I **do**. / No, I **don't**.
　　（よく電子メールを利用しますか。―はい，利用します / いいえ，利用しません）

- □ **Yes / No 疑問文** ― 疑問詞を用いず，Yes / No で答えられる疑問文。
  - be 動詞，助動詞のある文(①) ― **be 動詞[助動詞]を文頭**に出す。
  - 一般動詞のある文(②) ― 主語に応じて **Do, Does を文頭**に出し，動詞は原形にする。

🗝 2　選択疑問文・付加疑問文

基本例文

① Did you come here by bus **or** by car? ― I came here by bus.
　　（バスで来たのですか，それとも車ですか。―バスで来ました）
② You are a teacher of English, **aren't you**? ― Yes, I am.
　　（あなたは英語の先生ですね。―ええ，そうです）

- □ **選択疑問文** ― **or**（～かまたは…）を含む疑問文のこと(①)。Yes / No では答えられない。
- □ **付加疑問文** ― 平叙文の後に簡単な疑問形をつけ加える疑問文。相手に同意を求めたり，問いかけて確認する場合に用いる。肯定文には**否定の疑問形**(否定の短縮形＋代名詞)(②)，否定文には**肯定の疑問形**(肯定の動詞 / 助動詞＋代名詞)。

🗝 3　命令文・感嘆文

基本例文

① **Take** a seat, please.　（どうぞおすわりください）
② **Don't go** out after dark.　（暗くなってから外出してはいけない）
③ **What** a kind boy he is!　（彼はなんと親切な少年なんだろう）
④ **How** fast Tom runs!　（トムはなんと速く走るのだろう）

- □ **命令文** ― 目の前にいる相手に命令・禁止・要求する文。**動詞の原形**で始める(①)。「～してはいけない」という否定の命令文は，〈**Don't[Never]**＋動詞の原形〉(②)にする。
- □ **感嘆文** ― 「なんて～だろう」といった驚き，喜び，悲しみなどを表す。
  - **What** を使う場合…〈**What**(＋a[an])＋形容詞＋名詞＋主語＋述語動詞 !〉(③)
  - **How** を使う場合…〈**How**＋形容詞〔副詞〕＋主語＋述語動詞 !〉(④)

基礎を固める問題を解こう　　解答 ➡ 別冊 p.2

1 [Yes / No 疑問文] 日本文の意味を表すように，空所に適当な1語を入れなさい。

(1) あなたは中学生ですか。— いいえ，ちがいます。
　　(　　　) you a junior high school student? — No, I (　　　) (　　　).

(2) よく図書館に行きますか。— はい，行きます。
　　(　　　) you often go to the library? — Yes, I (　　　).

(3) ビルは日本語を話すことができますか。— はい，できます。
　　(　　　) Bill (　　　) Japanese? — Yes, he (　　　).
　　　　　　　　　　　　　　　　　　「〜できますか」助動詞を含む疑問文

2 [選択疑問文・付加疑問文] 日本文の意味を表すように，空所に適当な1語を入れなさい。

(1) 自転車で来たのですか，それともバスですか。
　　Did you come here by bike (　　　) by bus?

(2) 夏と冬ではどちらが好きですか。
　　Which do you like better, summer (　　　) winter?

(3) あなたは数学の先生ですね。
　　You are a teacher of math, (　　　) (　　　)?

(4) ボブとトムはその試合に勝たなかったね。
　　Bob and Tom didn't win the game, (　　　) (　　　)?
　　　　　　　　　　　　　　　否定文には肯定の疑問形がつく

3 [命令文・感嘆文] 日本文の意味を表すように，(　　)内の語句を並べかえなさい。

(1) どうぞ休んでください。(a / take / rest), please.
　　_____, please.

(2) ジェーンはなんと速く泳ぐのだろう。
　　(swims / fast / Jane / how)!
　　_____

(3) 失敗を恐れてはいけない。　　　　　　　「失敗をする」make mistakes
　　(of / be / mistakes / afraid / don't / making).

2 動詞

🗝 1　be 動詞の変化

〔基本例文〕

　　　　　〔単数〕　　　　　　　〔複数〕
① I **am** a student.　→ We **are** students.　（私は→私たちは学生です）　　（1人称）
② You **are** a student.　→ You **are** students.　（あなたは→あなたたちは学生です）（2人称）
③ He **is** a student.　→ They **are** students.　（彼は→彼らは学生です）　　（3人称）

- ☐ **be** 動詞はふつう主語の状態を表す。主語（I, you, he など）によって，**am, are, is** と形を変える。主語が複数（we, you, they）の場合は，すべて **are** になる。

🗝 2　一般動詞の変化

〔基本例文〕

① I **play** tennis.　→ We **play** tennis.　（私は→私たちはテニスをします）　（1人称）
② You **play** tennis.　→ You **play** tennis.　（あなたは→あなたたちはテニスをします）（2人称）
③ He **plays** tennis.　→ They **play** tennis.　（彼は→彼らはテニスをします）　（3人称）

- ☐ 一般動詞は，主語の動作・行動・状態を表す。主語が3人称，単数，現在形〔3単現〕の場合→語尾に **-s** または **-es** をつける。have は **has** になる。
- ☐ 3単現の文でも疑問文や否定文では，動詞は -s, -es のつかない原形になる。疑問文は〈**Does**＋主語＋動詞の原形～?〉，否定文は〈**does not[doesn't]**＋動詞の原形〉。

　　Does your father **cook** dinner on Saturdays?　　〔疑問文〕
　　　（あなたのお父さんは土曜日には夕食を作りますか）
　　My mother **does not[doesn't] cook** dinner on Saturdays.　〔否定文〕
　　　（母は土曜日には夕食を作りません）

🗝 3　他動詞と自動詞

〔基本例文〕

① I **kick** a ball every day.　（私はボールを毎日けります）　　〔他動詞〕
② He **runs** fast.　（彼は速く走る）　　　　　　　　　　　　　〔自動詞〕

英語の動詞は必ず自動詞か他動詞かのどちらかの働きをする。
- ☐ 他動詞 ― 動詞の後に働きかける相手，動作の対象になる語〔目的語〕「～を」が必要。
- ☐ 自動詞 ― 動作の対象になる語〔目的語〕が不要。動詞の直後にピリオドを打っても文が成立する。

基礎を固める問題を解こう

解答 ➡ 別冊 p.2

1 [be 動詞の変化] 日本文の意味を表すように，空所に適当な be 動詞を入れなさい。

(1) 私は高校生です。　　I (　　　) a high school student.
(2) 私たちは学生です。　We (　　　) students.
(3) 彼はテニス選手です。He (　　　) a tennis player.

2 [3単現の -s, -es] 次の動詞の3人称単数現在形を書きなさい。

(1) cook　(　　　)　　(2) teach　(　　　)
(3) go　　(　　　)　　(4) study　(　　　)
(5) have　(　　　)　　(6) make　(　　　)

3 [一般動詞の変化] 日本文の意味を表すように，空所に適当な1語を入れなさい。

(1) 私たちは毎日曜日テニスをします。
　　We (　　　) tennis every Sunday.
(2) 彼は毎朝テニスをします。He (　　　) tennis every morning.
(3) 父は毎日夕食を作ります。My father (　　　) dinner every day.
(4) あなたのお姉さんは土曜日にはピアノをひきますか。
　　(　　　) your sister (　　　) the piano on Saturdays?
(5) 母は土曜日には皿を洗いません。
　　My mother (　　　) (　　　) the dishes on Saturdays.

4 [他動詞と自動詞] 日本文の意味を表すように，(　　)内の語句を並べかえなさい。

(1) 弟はボールを毎朝けります。My brother (a ball / every morning / kicks).
　　My brother _____.
(2) 彼は速く泳ぐ。(swims / fast / he).　fast は副詞。動詞のあとに置く。
　　_____
(3) ロブはステージの前の方で歌った。(at / sang / the stage / the front of / Rob).
　　_____
(4) メアリーは昨日美しい歌を歌った。
　　Mary (a / beautiful song / yesterday / sang).
　　Mary _____.

3 文の構造

主語→「〜は」「〜が」にあたる語。＝名詞・代名詞
目的語→動詞の直後にある「〜を」「〜に」あたる語。＝名詞・代名詞
補語→主語・目的語について,「主語や目的語が〜だ」と説明する語。

🔑 1　S＋V, S＋V＋C, S＋V＋O

基本例文

① She **lives** in the country.（彼女はいなかに住んでいる）
　　S　　V
② The river **is** very *beautiful*.（その川は非常に美しい）
　　　　S　　V　　　　C
③ John **plays** *tennis* every day.（ジョンは毎日テニスをする）
　　S　　　V　　O

- □ S＋V―主語と述語動詞だけで動作が完結し，文意が完全になる文の構造(①)。
- □ S＋V＋C―述語動詞の後ろに，名詞や形容詞〔補語〕を置き，主語について説明する(②)。
「S＝C」の関係がある。
- □ S＋V＋O―動詞の表す動作の対象となる語〔目的語〕を必要とする文の構造(③)。
S＋V＋C では「S＝C」の関係があるが，S＋V＋O では「S≠O」である。
　② river＝beautiful　　③ John≠tennis

🔑 2　S＋V＋O＋O, S＋V＋O＋C

基本例文

① I **gave** my *sister* a *doll*.（私は妹に人形をあげた）
　S　　V　　O　　　O
② They **named** their first *child* Tom.（彼らは最初の子供にトムという名前をつけた）
　　S　　V　　　　　　　O　　C
③ The news **made** *him sad*.（その知らせを聞いて彼は悲しくなった）
　　S　　　　V　　O　C

- □ S＋V＋O＋O―動詞は他動詞で，目的語を2つ必要とする。はじめの「〜に」にあたる目的語には人，後の「〜を」にあたる目的語には物がくる。
　注意 はじめの目的語を後ろにまわして，〈S＋V＋O＋to[for]　〜〉の形に書きかえられる。
　①′ I gave a doll **to** my sister.
　　　　to をとる動詞… give, hand, lend, show, teach, write など
　　　　for をとる動詞… buy, choose, cook, find, get, make など
- □ S＋V＋O＋C―動詞の後ろに名詞〔目的語〕が置かれ，その後に補語である名詞や形容詞や分詞などが来る。この補語が前の目的語を説明する。「O＝C」　③ him[he]＝sad の関係。

基礎を固める問題を解こう

解答 ➡ 別冊 p.2

1 [S+V, S+V+C, S+V+O] 日本文の意味を表すように，空所に適当な1語を入れなさい。

(1) 祖父はいなかに住んでいる。
　My grandfather (　　　　) in the country.

(2) 始発電車は午前5時半に出る。
　The first train (　　　　) at 5:30 a.m.

(3) あの山は非常に高い。
　That mountain (　　　　) very high.　mountain＝high

(4) 妹は白い服を着てかわいらしく見えた。
　My sister (　　　　) pretty in her white dress.

(5) 私は彼の歌が好きだ。I (　　　　) his songs.

(6) 父は土曜日にはジョギングをする。
　My father (　　　　) on Saturdays.

2 [S+V+O+O, S+V+O+C] 日本文の意味を表すように，(　　)内の語句を並べかえなさい。

(1) 私は昨日ジョンにCDをあげた。(John / gave / a CD / I) yesterday.
　_____ yesterday.

(2) 母は私に新しい辞書を買ってくれた。
　(bought / my mother / a / new dictionary / me).

(3) 彼は私たちに駅へ行く道を教えてくれた。
　(the way / us / to / he / showed / the station).

(4) 彼らは子供にサムという名前をつけた。
　(their child / they / Sam / named).

(5) その知らせを聞いて彼女は幸せになった。　「その知らせは彼女を幸せにしました」と考える
　(happy / her / made / the news).

テストによく出る問題にチャレンジ

解答 ➡ 別冊 *p.2*

1 次の文の空所に入れるのに最も適当なものを選び，番号で答えなさい。

(1) You must always (　) your feet clean.
　① keep　　　② leave　　　③ run　　　④ talk

(2) The game starts at five, (　) it?
　① won't　　　② doesn't　　　③ hasn't　　　④ didn't

(3) Stop singing, (　)?
　① will you　　　② don't you　　　③ shall we　　　④ aren't you

(4) (　) cold it is today!
　① Which　　　② What　　　③ How　　　④ That

(5) The plane was (　) Los Angeles in the dense fog.
　① approaching at　　　② approaching to
　③ approaching toward　　　④ approaching

(6) (　) start early in the morning, shall we?
　① Can't we　　　② Do we　　　③ Let's　　　④ Won't we

(7) My e-mail address is jillski@data.com. (　) it again.
　① Not lose　　　② Won't lose
　③ Aren't lose　　　④ Don't lose

(8) Does your sister (　) to the library after school?
　① go　　　② goes　　　③ is　　　④ are

ヒント (3)命令文の付加疑問文は will you をつける。(5) approach「〜に近づく」(6)付加疑問に shall we をつけるのは，Let's 〜。(7)「2度となくさないでね」否定の命令文。

2 日本文の意味を表すように，空所に入る適当なものを選び，番号で答えなさい。

(1) この本はとてもおもしろいですよ。
　You will (　) this book very interesting.
　① read　　　② find　　　③ give　　　④ buy

(2) 母は私にすてきな服を買ってくれた。
　My mother bought a nice dress (　) me.
　① for　　　② to　　　③ at　　　④ in

(3) 私たちは私たちのネコをミケと呼んでいる。
　　We (　) our cat Mike.
　　① make　　　　② show　　　　③ call　　　　④ give

3 日本文の意味を表すように，(　)内の語句を並べかえなさい。

(1) この映画は私には興味深かった。
　　(was / to me / this movie / interesting).

(2) 山中先生は私たちに英語を教える。
　　(Mr. Yamanaka / us / English / teaches).

(3) 私は昨日本を買った。
　　(bought / yesterday / I / a book).

(4) 彼女の笑顔が私たちをとても幸せな気分にする。
　　(makes / her smile / happy / very / us).

(5) なんてきれいな川でしょう。
　　(a / river / what / beautiful / is / it)!

(6) カズはなんて速く泳ぐのでしょう。(Kazu / swims / how / fast)!

(7) この本はあなたのですか，それともアヤのですか。
　　(this book / is / Aya's / or / yours)?

(8) トムはドイツ語を話しません。
　　(German / Tom / doesn't / speak).

(9) あなたは今朝朝ご飯を食べなかったのですね。
　　You (did / eat / didn't / breakfast / this morning / you / ,)?
　　You _____?

ヒント　(2) S＋V＋O＋O の形。　(4) S＋V＋O＋C の形。

4 現在形・過去形

🔑 1 現在形の用法　　基本例文

① I **am** an English teacher.（私は英語の教師です）
② She usually **gets** up at seven.（彼女はふつう7時に起きる）
③ Spring **comes** after winter.（冬の後に春が来る）

☐ 現在形は，現在の事実・状態（①）を表すだけでなく，現在の習慣・くり返し行われる動作（②），一般的な真理（③）を表す。現在形は，主語が3人称単数の場合は **-s, -es** をつける。
　注意(1) 確定した未来を現在形で表すこともある。go, come, start, leave, arrive などの往来・発着を意味する動詞とともに多く用いられる。
　　The concert **starts** at seven this evening.
　　（そのコンサートは今夜7時に始まる）
　(2) 時・条件を表す副詞節の中では，未来のことであっても現在形を用いる。
　　I'll tell her the truth when I **see** her next time.
　　　　　　　　　　　　　　×*will see*
　　（今度彼女に会ったら，本当のことを言おう）

🔑 2 過去形の用法　　基本例文

① The tennis match **started** at eight o'clock.
　（テニスの試合は8時に始まった）
② I **lived** in New York City for a long time.
　（私は長い間ニューヨーク市に住んでいた）
③ When I was young, I often **listened** to rock music on the radio.
　（若い頃，私はよくラジオでロックを聴いた）

☐ 動詞の過去形は，過去のあるときの動作（①）や状態（②），過去の習慣（③）を表す。
☐ 過去形は，動詞の原形に **-(e)d** をつける。
　play → **play**ed, start → **start**ed, live → **lived**, arrive → **arrived** など
☐ 不規則に変化する動詞もある（→ *p.26* 参照）。
　come → **came**, go → **went**, have → **had**, tell → **told**, leave → **left** など

基礎を固める問題を解こう　解答 ➡ 別冊 p.3

1 [現在形の用法] 次の(　)内の動詞を，必要があれば適当な形になおし，全文を書きなさい。

(1) She usually (leave) for school at seven.

(2) The sun (rise) in the east.

(3) We (brush) our teeth every morning.

(4) A year (have) 12 months.

(5) Water (boil) at 100℃.

2 [過去形の用法] 次の(　)内の動詞を，必要があれば適当な形になおし，全文を書きなさい。

(1) I (see) her at the bus stop yesterday morning.

(2) Last summer we (have) a picnic by the lake.

(3) She usually (take) a bus when she went shopping.

(4) We (leave) before the day broke.　　　　the day break「夜が明ける」

3 [現在形と過去形] 日本文の意味を表すように，空所に適当な1語を入れなさい。

(1) 1時間目は8時45分に始まる。　The first lesson (　　　) at 8:45.
(2) 飛行機は1時間前に離陸した。　The plane (　　　) off an hour ago.
(3) 私は毎日3時間ピアノを練習する。
　　I (　　　) the piano for three hours every day.
(4) 彼女は本を読んでいるうちに眠ってしまった。
　　She (　　　) asleep while she was reading a book.　「眠る」fall asleep

5 進行形；未来を表す表現

🔑 1 進行形の用法　　基本例文

① He **is taking** a bath now.　（彼は今入浴中です）
② The cat **was sleeping** when I came home.　（私が帰宅したとき，ネコは眠っていた）

☐ **進行形** — 動作が進行中，または継続中を表すときに，〈**be 動詞＋動詞の -ing 形（現在分詞）**〉を用いる。

　　現在進行形　　**am[are, is]＋-ing**　　「（今）～している」
　　過去進行形　　**was[were]＋-ing**　　「（その時）～していた」

注意 (1) always, constantly（常に）などといっしょに用いると，「いつも～してばかりいる〔いた〕」という**反復的動作**を表すことがある。「非難・不快」の感情が込められている場合が多い。

　　　My father is *always* reading a newspaper.　（父はいつも新聞ばかり読んでいる）

(2) 継続の意味を含む動詞（have, belong など），**知覚・感覚を表す動詞**はふつう進行形にしないが，**一時的な状況を表す意味の場合は，進行形にする**。

　　　He has a lot of DVDs.　（彼はDVDをたくさん持っている）
　　　He **is having** a wonderful time.　（彼は楽しい時間を過ごしている）

🔑 2 未来を表す表現　　基本例文

① I **will** be sixteen next month.　（私は来月で16歳になる）
② The phone is ringing. I **will** answer it.　（電話が鳴っている。私が出ましょう）
③ **Will you** lend me this book?　（この本を貸してくれませんか）
④ We **are going to** have a party this weekend.　（今週末，パーティを開くつもりだ）

☐ **未来を表す will** — 〈**will＋動詞の原形**〉で，未来のことを表す。自然のなりゆきを表す単純未来（①）と，「～するつもりだ」という主語の意志を表す意志未来（②）とがある。

☐ **Will you ～?など** — **Will you ～?** は「～してくれませんか」（③）と相手に何かを頼んだり（**依頼**），「～しませんか」と相手を誘ったり（**勧誘**）するときにも用いられる。

　　Shall I[we] ～?「～しましょうか」は，**相手の意志**をたずねる。
　　　Shall I help you cook dinner?
　　　（夕食を作るのを手伝いましょうか）

☐ **be going to＋動詞の原形** — 「～するつもりだ」の意味で**主語の意図・計画**（④），「～しそうだ」と**近い未来にあることが起こりそうな場合**に使われる。

基礎を固める問題を解こう

解答 ➡ 別冊 p.4

1 [進行形の用法] 次の(　)内の動詞を，必要があれば適当な形になおし，全文を書きなさい。

(1) Turn down the radio. The baby (sleep) now.

(2) My sister (watch) my DVD when I came home.

(3) The cat fell asleep while I (study) for the exam.

(4) She usually drinks coffee, but now she (drink) milk.

(5) The accident happened while we (drive) to the airport.

2 [未来を表す表現] 日本文の意味を表すように，空所に適当な1語を入れなさい。

(1) エイミーは軽い頭痛がするが，数日でよくなるでしょう。
　　Amy has a slight headache, but she (　　　) (　　　) well in a few days.

(2) 悪寒がする。風邪をひきそうだ。
　　I feel cold. I'm (　　　) (　　　) catch a cold.

(3) その韓国の映画スターは来月日本へ来る。
　　The Korean movie star (　　　) (　　　) to Japan next month.

(4) 卒業後は何をする予定ですか。　　　　　　　　　　　　　　　「卒業する」graduate
　　What (　　　) you (　　　) (　　　) do after you graduate?

(5) 風が吹いています。窓を閉めましょうか。
　　The wind is blowing. (　　　) (　　　) close the window?

(6) 何か食べ物はいかがですか。
　　(　　　) (　　　) have something to eat?

テストによく出る問題にチャレンジ

解答 ➡ 別冊 p.4

1 次の文の空所から適当なものを選び，○で囲みなさい。

(1) Where is Dad? ― He (reads / is reading) a newspaper in his room.

(2) When I (walked / was walking) on the street, I saw Mr. Hayashi.

(3) I (turned / was turning) off the gas at once when the earthquake happened.

(4) Our school (stands / is standing) on a hill.

(5) Don't drink coffee before you go to bed. You (will / won't) sleep well.

(6) You should come home early. (It's going to / It's getting to) rain.

(7) My daughter is out now. Please wait here until she (will come / comes) back.

ヒント (4) stand「たっている，ある」は状態を表す動詞。

2 日本文の意味を表すように，空所に適当な1語を入れなさい。

(1) 私はたいていコンタクトですが，今日は眼鏡をかけています。

I usually (　　　　) contact lenses, but today I'm (　　　　) glasses.

(2) 地球は太陽のまわりを回っている。

The earth (　　　　) around the sun.

(3) テレビを消さないで。私が見ているんだから。

Don't (　　　　) off the TV, please. I'm (　　　　) it.

(4) 私が家を出たとき，雨が降っていた。

It (　　　　) (　　　　) when I (　　　　) out.

(5) 宿題が終わったら，遊びに行ってもいいよ。

You may go outside when you (　　　　) your homework.

ヒント (1) 後ろの空所は一時的な状況を表しているので，進行形にする。「コンタクトレンズを着用する」wear
(5)「宿題が終わったら」未来のことだが，現在形になる。

3 次の文の空所に入れるのに最も適当なものを選び，番号で答えなさい。

(1) Please be quiet! The baby (　　).

　① sleeps　　② was sleeping　　③ had slept　　④ is sleeping

(2) Look up at the sky! Something strange (　　).

　① has flown　　② flew　　③ is flying　　④ flies

(3) I ( ) my teeth three times a day.
　① am brushing　② brush　③ brushes　④ has brushed

(4) A soccer tournament ( ) take place this weekend.
　① will be　② is going　③ was going to　④ is going to

(5) We ( ) dinner when she came to see me.
　① have　② are having　③ were having　④ having had

(6) If it ( ) fine tomorrow, I'll go shopping downtown.
　① is　② will be　③ is going to　④ were

ヒント (3) teeth tooth（歯）の複数形。(6)「もし明日晴れれば」 If は条件を表す。

4 日本文の意味を表すように，（　）内の語句を並べかえなさい。

(1) あなたの足下で氷が割れそうだ。
(your feet / the ice / going / crack / to / is / under).
_____

(2) シンガポールに着いたらあなたにお電話します。
I (you / in / call / when / arrive / will / I) Singapore.
I _____ Singapore.

(3) デビッドは宿題をしている間に眠ってしまった。
David (he / doing / while / was / homework / his / fell asleep).
David _____ .

(4) 彼が試験に受かったら，だれもが大いに驚くだろう。
Everyone (surprised / passes / he / be / greatly / if / will) the examination.
Everyone _____ the examination.

ヒント (1) crack「ひび割れる」

5 日本文の意味を表すように，下線部に英語を書きなさい。

(1) 彼は朝食のとき，いつも新聞を読んでいる。
He _____ at breakfast.

(2) 最終電車は当駅を23：00に発車いたします。
_____ here at 23:00.

ヒント (2)「発車する」leave

19

6 完了形（1）

⚙ 1 現在完了の用法

基本例文

I **have** often **visited** his house.（私は彼の家をしばしば訪れたことがある）

☐ **現在完了形** ― 過去から現在につながっている状態やできごとを表す。〈have[has]＋過去分詞〉の形。主語が3人称単数のときは has を用いる。

☐ **現在完了の否定文・疑問文** ― 否定文は〈have[has] not＋過去分詞〉，疑問文は〈Have [Has]＋主語＋過去分詞 ～?〉を用いる。

⚙ 2 現在完了の意味

基本例文

① I **have already written** a letter to my parents. 〈完了〉
（私は両親への手紙をもう書き終えた）

② **Have** you **ever been** to Hawaii? ― No, never. 〈経験〉
（ハワイへ行ったことがありますか。―いいえ，1度もありません）

③ I **have known** him **for** five years.（私は5年前から彼を知っている） 〈継続〉

☐ **現在完了の意味** ― 「完了〔結果〕」「（もう）～してしまった」「（今）～したところだ」，「経験」「（今までに）～したことがある」，「状態の継続」「（今まで）ずっと～している」

☐ **現在完了でよく使われる語句** ― 「完了」：**just**（ちょうど），**yet**（[疑問文で]もう，[否定文で]まだ），**already**（[肯定文で]もう）など　「経験」：**ever**（かつて），**never**（決して～ない），**once**（一度），**before**（以前に），**often**（しばしば），**～ times**（～回）など　「継続」：**for ～**（～の間），**since ～**（～以来），**How long ～?**（どれぐらいの間）など

<u>注意</u>(1) 現在完了では，明らかに過去を表す語(句)は用いることはできない。When ～ ? の疑問文も現在完了とは使わない。

yesterday（昨日），last week[year]（先週[去年]），～ ago（～前）など
　(×) He has been busy *last week*.
　(○) He has been busy **since last week**.（彼は先週からずっと忙しい）

(2) **have been to ～** は「～へ行ったことがある」〈経験〉（②），「～へ行ってきたところだ」〈完了〉，**have gone to ～** は「～へ行ってしまった（今はいない）」〈完了・結果〉の意味を表す。
　I **have been to** the station to see him off.
　　（私は彼を見送りに駅へ行ってきたところです）

(3) **動作の継続**「（今まで）ずっと～している」は，現在完了進行形〈have[has] been＋-ing〉を用いる。
　My son **has been talking** on the phone for an hour.
　　（うちの息子は1時間ずっと電話で話をしている）

基礎を固める問題を解こう   解答 ➡ 別冊 p.5

1 [現在完了の用法] 次の文の（　）内の語を必要があれば適当な形になおし，現在完了の文にしなさい。

(1) I (love) classical music since I was in junior high school. ＿＿＿＿＿
(2) Kate (live) in Japan for ten years. ＿＿＿＿＿
(3) I (not, see) him lately. ＿＿＿＿＿
(4) (Did she finish) her homework yet? ＿＿＿＿＿

2 [現在完了の意味] 日本文の意味を表すように，空所に適当な1語を入れなさい。

(1) 父はもう帰宅した。
　　My father (　　　) (　　　) (　　　) home.
(2) あなたはUFOを見たことがありますか。　　「かつて，今までに」の意味の語を補う
　　(　　　) you (　　　) (　　　) a UFO?
(3) 彼女は1週間学校を休んでいる。
　　She (　　　) (　　　) absent from school (　　　) a week.
(4) 私は脚を折ってしまった。今，歩けない。
　　I (　　　) (　　　) my leg. I can't walk now.
(5) 私は今までこんなに美しい日の出を見たことがない。
　　I (　　　) (　　　) (　　　) such a beautiful sunrise.

3 [have been[gone] to，現在完了進行形] 日本文の意味を表すように，(　)内の語句を並べかえなさい。

(1) 私の弟は今まで15時間眠り続けている。
　　My brother (for / sleeping / fifteen / been / hours / has).
　　My brother ＿＿＿＿＿＿＿＿＿＿＿＿＿＿＿＿＿＿＿．

(2) 私はカナダに2回行ったことがある。　　「2回」は twice
　　(to / have / Canada / twice / been / I).
　　＿＿＿＿＿＿＿＿＿＿＿＿＿＿＿＿＿＿＿＿＿＿．

(3) 彼女は休暇でパリへ行ってしまった。
　　She (to / on / has / vacation / gone / Paris).
　　She ＿＿＿＿＿＿＿＿＿＿＿＿＿＿＿＿＿＿＿．

7 完了形（2）

🗝 1 過去完了形　　基本例文

① The train **had** already **left** when I got to the station.
（私が駅に着いたときには，もう電車は出てしまっていた）

② I did not recognize him, for I **had** never **seen** him before.
（私は彼がわからなかった，というのは，それまで彼に会ったことがなかったからです）

③ She **had been** ill for a week when she was sent to the hospital.
（入院したとき，彼女はそれまでに1週間寝込んでいたのだった）

- ☐ **過去完了の形** ─ 過去完了は〈**had**＋過去分詞〉で表す。否定文は〈**had not**＋過去分詞〉，疑問文は〈**Had**＋主語＋過去分詞 ～ **?**〉を用いる。
- ☐ **過去完了の意味** ─「過去のある時点」を基準にして，「**完了〔結果〕**」「（その時）〜したところだった」「（その時までに）〜してしまっていた」(①)，「**経験**」「（その時までに）〜したことがあった」(②)，「**状態の継続**」「（その時まで）ずっと〜だった」(③) を表す。
  > 注意 動作の継続を表す場合は，過去完了進行形〈**had been**＋**-ing**〉を用いる。過去のある時まで，ある動作が継続していたことを表す。
  > 　　He **had been studying** for three hours before he went to bed.
  > 　　（彼は寝る前までに3時間勉強していた）
- ☐ **大過去** ─ 2つの過去の出来事を，それが起こったのとは逆の順序に述べるとき，前後関係を示すため，**先に起こったことを過去完了形で表す**ことがある。この用法を大過去という。
  > 　　I **sent** him a picture that I **had taken** before.
  > 　　（私が以前撮った写真を彼に送った）

🗝 2 未来完了形　　基本例文

① I **will have finished** this painting by the time you come again.
（君が今度来るまでに，この絵を仕上げておきます）

② If Taro goes to China again, he **will have visited** the place three times.　（もう一度中国へ行けば，太郎はそこへ3度行ったことになる）

③ Next May he **will have been** in Japan for five years.
（次の5月で，彼は日本に5年間いることになる）

- ☐ **未来完了形の形** ─ 未来完了は〈**will have**＋過去分詞〉の形で表す。
- ☐ **未来完了の意味** ─ 未来完了は「**未来のある時点**」を基準にして，その時までの状態・動作の「**完了〔結果〕**」(①)・「**経験**」(②)・「**継続**」(③) を表す。

基礎を固める問題を解こう

解答 ➡ 別冊 *p.6*

1 [過去完了形] 日本文の意味を表すように，空所に適当な1語を入れなさい。

(1) 私はカレンを知っていた。というのは，以前，彼女に何度も会っていたから。
　I knew Karen, for I (　　　) (　　　) her many times before.

(2) ベンは来日する前に弓道を5年間習っていた。　　　「弓道」Japanese archery
　Ben (　　　) (　　　) learning Japanese archery for five years before he came to Japan.

(3) 彼女は北海道を訪れるまで雪を見たことがなかった。
　She (　　　) (　　　) (　　　) snow till she visited Hokkaido.

(4) 昨日まで1週間ずっと雨が降っていた。
　It (　　　) (　　　) (　　　) for a week until yesterday.

2 [未来完了形] 次の英文を日本語になおしなさい。

(1) She will have finished cooking by six this evening.
_____

(2) If I visit France again, I will have been there five times.
_____

(3) My parents will have been married for 20 years tomorrow.
_____

3 [過去完了形・未来完了形] 日本文の意味を表すように，（　）内の語句を並べかえなさい。

(1) 私は彼女から借りたカメラをなくした。　　「借りた」のは「なくす」より以前のこと
　I lost the camera that (I / from / her / borrowed / had).
　I lost the camera that _____ .

(2) 彼女はもう一度イタリアを訪れると，4回行ったことになるだろう。
　She (times / been / will / Italy / to / have / four) if she goes again.
　She _____ if she goes again.

(3) 彼らは東京に引っ越すまでここに住んでいた。
　They (before / moved / had / here / they / to / lived) Tokyo.
　They _____ Tokyo.

テストによく出る問題にチャレンジ

解答 ➡ 別冊 p.6

1 次の文の（　）内の語句を必要があれば適当な形になおし，完了形の文にしなさい。

(1) My grandmother (be) ill in bed for a month.

(2) I (just, receive) an e-mail from my favorite singer.

(3) John (never, try) *natto* before he came to Japan.

(4) (you, ever, visit) Egypt before you came to England?

(5) How long (they, know) each other?

(6) Mr. Suzuki was not at school then. He (go) out.

ヒント (6)「彼は出て行ってしまっていた」の意味になる。

2 次の文の空所に入れるのに最も適当なものを選び，番号で答えなさい。

(1) Fred got sick last week and (　) in bed since that time.
　① is　　　　② was　　　　③ has been　　　　④ had been

(2) I went back to the store, but someone (　) that camera.
　① has bought　　② was bought　　③ has been bought
　④ had already bought

(3) I lost the bag which my father (　) for me in France.
　① buys　　② to buy　　③ would buy　　④ had bought

(4) By the time you get to Hokkaido the day after tomorrow, I (　) for Tokyo.
　① am leaving　　② have left　　③ will already have left
　④ will reach

(5) I will (　) in Tokyo for three years next year.
　① live　　② be living　　③ have lived　　④ be lived

ヒント (2)「店に戻ったが，だれかがもうそのカメラを買ってしまっていた」の意味。(5)「来年で東京に住んで3年になる」の意味。

3 日本文の意味を表すように，空所に適当な1語を入れなさい。

(1) ぼくとヒロシは知り合って10年になる。
　　Hiroshi and I (　　　　) (　　　　) each other for ten years.

(2) おとといなくした消しゴムを見つけた。

I found the eraser I (　　　　) (　　　　) the day before yesterday.

(3) 駅まで走って行ったが，電車は1分前に発車していた。

I ran to the station, but the train (　　　　) already (　　　　).

(4) 私は20歳になるまで北海道に行ったことがなかった。

I (　　　　) never (　　　　) to Hokkaido before I became 20 years old.

ヒント　(1)現在完了の継続用法。「10年間知り合いである」の意味。(3)「発車する」leave

4 日本文の意味を表すように，(　　)内の語句を並べかえなさい。

(1) 私は高校入学時からテニス部に入っている。

I (been / the / since / club / have / in / tennis) I entered high school.

I _____ I entered high school.

(2) 私が電話したときには，マイクはすでに宿題を終えていた。

Mike (already / called / his homework / when / finished / I / had) him.

Mike _____ him.

(3) これは私が今まで食べた中で最も大きなお好み焼きです。

This is (*okonomiyaki* / have / that / the biggest / ever / I / eaten).

This is _____.

(4) その仕事を終えたらすぐに家に帰ってよろしい。

You may go home (you / as / the work / as / finished / soon / have).

You may go home _____.

ヒント　(4)「～するとすぐに」as soon as ～

5 日本文の意味を表すように，下線部に英語を書きなさい。

(1) 私が起きたとき，母はすでに出かけていた。

My mother _____ out when I got up.

(2) 私たちは彼女が姿を見せるまで1時間も待っていた。

We _____ for an hour when she showed up.

(3) 明日の朝までには，このレポートも仕上がっているだろう。

I _____ this report by tomorrow morning.

ヒント　(2)「～まで待っていた」動作の継続は完了進行形で表す。「現れる」show up

不規則動詞の変化表

　不規則動詞の主なものをまとめました。不規則動詞は1つ1つ覚えるしかありません。原形－過去形－過去分詞形を正確に覚えましょう。

原　形[現在形]		過去形	過去分詞形
be[am / is / are]	(〜です)	was, were	been
become	(〜になる)	became	become
begin	(始める)	began	begun
break	(壊す)	broke	broken
bring	(持ってくる)	brought	brought
buy	(買う)	bought	bought
catch	(捕らえる)	caught	caught
come	(来る)	came	come
cut	(切る)	cut	cut
do[does]	(する)	did	done
drink	(飲む)	drank	drunk
eat	(食べる)	ate	eaten
feel	(感じる)	felt	felt
find	(見つける)	found	found
forget	(忘れる)	forgot	forgot, forgotten
get	(得る)	got	got, gotten
give	(与える)	gave	given
go	(行く)	went	gone
grow	(成長する)	grew	grown
have[has]	(持つ)	had	had
hear	(聞く)	heard	heard
keep	(保つ)	kept	kept
know	(知っている)	knew	known
learn	(学ぶ)	learned, learnt	learned, learnt
leave	(去る)	left	left
let	(〜させる)	let	let
make	(つくる)	made	made
mean	(意味する)	meant	meant
meet	(会う)	met	met

原　形[現在形]		過去形	過去分詞形
put	(置く)	put	put
read	(読む)	read[réd]	read[réd]
run	(走る)	ran	run
say	(言う)	said	said
see	(見る)	saw	seen
sell	(売る)	sold	sold
send	(送る)	sent	sent
show	(見せる)	showed	shown, showed
sing	(歌う)	sang	sung
sit	(座る)	sat	sat
sleep	(眠る)	slept	slept
speak	(話す)	spoke	spoken
swim	(泳ぐ)	swam	swum
take	(取る)	took	taken
teach	(教える)	taught	taught
tell	(話す)	told	told
think	(考える)	thought	thought
understand	(理解する)	understood	understood
wear	(着る)	wore	worn
write	(書く)	wrote	written

不規則動詞の変化はいくつかの型に分類できる。覚えるときの参考にしましょう。

活用の型	例
A-B-C型	原形−過去形−過去分詞形がすべて違う形。
	drink-**drank**-**drunk**, eat-**ate**-**eaten**, know-**knew**-**known** など
A-B-B型	過去形と過去分詞形が同じ形。
	find-**found**-**found**, make-**made**-**made**, think-**thought**-**thought** など
A-B-A型	原形と過去分詞形が同じ形。
	come-came-**come**, **become**-became-**become**, **run**-ran-**run** など
A-A-A型	原形−過去形−過去分詞形がすべて同じ形。
	cut-cut-cut, **let-let-let**, **put-put-put**, **read-read-read** など

8 助動詞（1）

🔑 1 助動詞の性質

基本例文

① Jun **can** swim very fast.（純はとても速く泳ぐことができる）
　　　（×）cans swim　（×）can swims
② **Can** she play the guitar?（彼女はギターがひけますか）
③ Students **must not** use this computer.（生徒はこのコンピュータを使ってはいけない）

- 助動詞 ― 動詞の原形の前に置いて，いろいろな意味を付け加える言葉。主語が「3人称単数現在」でも -s, -es をつけない。
- 疑問文では助動詞は主語の前に来る（②）。〈助動詞＋S＋動詞の原形～?〉
  否定文では助動詞のあとに **not** をつける（③）。〈S＋助動詞＋**not**＋動詞の原形〉

🔑 2 can, may, must

基本例文

① Mary **can** speak Japanese very well.
　（メアリーはたいへん上手に日本語を話すことができる）
② **May** I use this telephone? ― Yes, of course.
　（電話を借りてもいいですか。― はい，いいですとも）
③ You **must** write your name here.（あなたはここに名前を書かなければなりません）

- **can** ―(1)能力・可能「～できる」**can＝be able to** の関係がある。
  　①′＝Mary **is able to** speak Japanese very well.
  　(2)許可「～してもよい」　(3)強い疑い「はたして～だろうか」〔疑問文で〕，否定的推量「～のはずがない」〔否定文で〕　(4)依頼「～してくれますか」**Can you ～?** の形。
- **may** ―(1)許可「～してもよい」（②）　(2)推量「～かもしれない」
  　It **may** rain tomorrow.（明日は雨かもしれない）
  　(3)祈願「～しますように」may は文頭に来る。　**May** you be happy!（ご多幸を祈ります）
- **must** ―(1)義務・必要「～しなければならない」（③）　**must＝have to** の関係がある。
  　③′＝You **have to** write your name here.
  　注意 must（～しなければならない）の否定形は，**must not[mustn't]**（～してはいけない）で表す。have to の否定形 **don't have to** は「～する必要がない」という不必要の意味を表すので注意。
  　You **must not** write your name here.（ここに名前を書いてはいけない）
  　You **don't have to[need not]** write your name here.（ここに名前を書く必要はない）
  (2)強い推定「～にちがいない」
  　He **must** be over sixty.（彼は60歳をこえているにちがいない）

基礎を固める問題を解こう　解答⇒別冊 p.7

1 ［助動詞の性質］次の文の空所から適当なものを選び，記号で答えなさい。

(1) He (ア cans speak　イ can speak　ウ can speaks) English.　(　)
(2) She (ア does not may　イ may not) enter the room.　(　)
(3) You (ア must not　イ must not to) use the computer.　(　)
(4) (ア Does he can　イ Can he) play the violin?　(　)

助動詞の文の否定文・疑問文には does は使わない

2 ［can, may, must(1)］次の空所内に **can**, **may**, **must** のいずれかを入れなさい。

(1) Bob is able to speak French very well.
　　＝Bob (　　　) speak French very well.
(2) You have to write a report tomorrow.
　　＝You (　　　) write a report tomorrow.
(3) Can I take this book home?
　　＝(　　　) I take this book home?

3 ［can, may, must(2)］日本文の意味を表すように，(　　)内の語句を並べかえなさい。

(1) 彼女は間違っているかもしれない。(be / she / wrong / may).

_____

(2) あなたは駅まで走らなければならない。
　You (run / the station / must / to).
　You _____.

(3) そのうわさは本当だろうか。
　(the rumor / true / can / be)?

_____

(4) 彼女は70歳をこえているにちがいない。 She (seventy / be / must / over).
　She _____.

(5) 8時に電話してくださいませんか。(you / at / call / can / me / eight)?

「～してくれますか」Can you ～ ?

_____

(6) お名前をお聞きしてもよろしいですか。(ask / I / your / may / name)?

_____

9 助動詞（2）

🗝 1 will, would, should の用法　基本例文

① She **will** have her own way.　（彼女は自分のしたいようにするといってきかない）
② She **would** practice the piano after supper.
　（彼女は夕食後よくピアノの練習をしたものだ）
③ You **should** pay the money at once.　（あなたはすぐにそのお金を払うべきだ）

- ☐ **will**ー主張・固執「どうしても～しようとする」(①)を表す。
- ☐ **would**ー過去の習慣「よく～したものだ」(②)を表す。
- ☐ **should**ー義務「～すべきだ」(③)や感情・是非の判断を表す語に続く**that**節中で用いられる。
　It is natural that he **should** get angry with his brother.
　（彼が弟〔兄〕に腹を立てるのも当然だ）

🗝 2 used to, ought to の用法　基本例文

① Father **used to** read the newspaper before breakfast.
　（父は朝食前に新聞を読むのが習慣だった）
② We **ought to** respect different cultures.　（私たちは異なった文化を尊重すべきだ）

- ☐ **used to**ーwould と同様に過去の習慣を表す(①)。また，現在と異なる過去の状態をも表す。
- ☐ **ought to**ー「～すべきだ，当然～するはずだ」(②)で義務・当然を表す。should に言いかえられる。

🗝 3 助動詞＋have＋過去分詞　基本例文

① She **cannot have bought** such a magazine.　（彼女がそんな雑誌を買ったはずがない）
② The boy **may have told** a lie.　（その少年はうそをついたのかもしれない）
③ Her mother **must have been** a beauty when she was young.
　（彼女のお母さんは若いころは美人だったにちがいない）

- ☐ 過去の事柄についての推定や判断の気持ちを表す。〈**cannot have**＋過去分詞〉「～したはずがない」(①)，〈**may have**＋過去分詞〉「～したかもしれない」(②)，〈**must have**＋過去分詞〉「～したにちがいない」(③)，〈**should[ought to] have**＋過去分詞〉「～すべきだったのに」

基礎を固める問題を解こう　　解答⇒別冊 p.7

1 [will, would, should] 次の文の空所に will, would, should のいずれかを入れなさい。

(1) Give me a hand. The window (　　　) not open.
(2) You (　　　) be kind to old people.
(3) It is natural that she (　　　) get angry with you.
(4) My father (　　　) take a walk every morning when he was young.

2 [used to, ought to] 日本文の意味を表すように，(　)内の語句を並べかえなさい。

(1) 私は夜ふかしをするのが常だった。　I (sit / night / used / up / to / at / late).
　　I _____.
(2) 私たちはお互いを理解するべきだ。
　　We (other / to / each / ought / understand).
　　We _____.
(3) 父は自分の母親によく手紙を書きました。
　　Father (mother / to / to / used / write / his).
　　Father _____.
(4) あなたは彼に真実を語るべきだ。　You (tell / ought / the truth / to / him).
　　You _____.

3 [助動詞＋have＋過去分詞] 日本文の意味を表すように，空所に適当な1語を入れなさい。ただし，[　]内の語句を適当な形に変化させて用いること。

(1) 彼女がそんな雑誌を読んだはずがない。　　[read]
　　She (　　　)(　　　)(　　　) such a magazine.
(2) その少年が窓を割ったのかもしれない。　　[may]
　　The boy (　　　)(　　　) broken the window.
(3) 彼女は若いころ活発だったにちがいない。　　[must be]
　　She (　　　)(　　　)(　　　) active when she was young.
(4) あなたはその映画を見るべきだった。　　[should see]
　　You (　　　)(　　　)(　　　) the film.
(5) 息子はその電車に乗り遅れたかもしれない。　　[miss]
　　My son (　　　)(　　　)(　　　) the train.

テストによく出る問題にチャレンジ

解答 ➡ 別冊 *p.8*

❶ 日本文の意味を表すように，空所に適当な1語を入れなさい。

(1) 11時に門が施錠されます。私たちは遅れてはいけません。

They lock the gate at eleven o'clock. We (　　　) (　　　) late.

(2) 彼女はそんな不注意な人間であるはずがない。

She (　　　) be such a careless person.

(3) 彼女は昔よりはるかに上手にギターを弾きます。

She plays the guitar much better than she (　　　) (　　　).

(4) わが家のそのドアはどうしても開かない。

The door of my house (　　　) (　　　) open.

(5) 道路がぬれています。昨夜雨が降ったにちがいない。

The road is wet. It (　　　) (　　　) rained last night.

ヒント (2)「〜のはずがない」can は否定文で否定的推量を表す。

❷ 次の2文がほぼ同じ意味を表すように，最も適当な語句を選び，番号で答えなさい。

(1) You don't have to take this medicine.

You (　) not take this medicine.

① will　　　② can　　　③ need　　　④ must

(2) You are allowed to go out in the evening.

You (　) go out in the evening.

① must　　　② may　　　③ should　　　④ will

(3) My brother wasn't able to swim when he was a boy.

My brother (　) swim when he was a boy.

① wouldn't　　② didn't have to　③ couldn't　　④ shouldn't

(4) He made it a rule to walk along the river in his youth.

He (　) often walk along the river in his youth.

① would　　　② should　　　③ could　　　④ might

(5) We should trust him in this case.

We (　) to trust him in this case.

① get　　　② used　　　③ ought　　　④ need

ヒント (1) don't have to 〜「〜する必要がない」, medicine「薬」 (2) be allowed to 〜「〜してもよい」
(4) make it a rule to 〜「〜するのが常だ」 (5) trust「信じる」

3 次の文の空所に入れるのに最も適当なものを選び，番号で答えなさい。

(1) "Mrs. Jones, I'm sorry I had to miss your piano lesson last week."
"It's a pity you (　) come, but I know how busy you've been recently."
① could　　　② couldn't　　　③ didn't have to　④ had to

(2) "What's that song you're listening to?"
"You don't know?　It's 'Yesterday' by the Beatles.　You (　) it before!"
① hadn't heard　② might hear　③ must've heard　④ shouldn't hear

(3) Everybody's asleep, so we (　) make any noise.
① couldn't　　② needn't　　③ wouldn't　　④ mustn't

(4) (　) it be true that 70% of Americans believe in angels?
① Can　　　② Must　　　③ Does　　　④ May

ヒント　(4)「はたして～だろうか」強い疑いを表すのは？　angel「天使」

4 日本文の意味を表すように，(　)内の語句を並べかえなさい。

(1) あなたがたのうちだれがこの問題を解けますか。
(you / this / of / solve / which / can) problem?
_____ problem?

(2) あの人はこの事件になんらかの関係があるにちがいない。
That man (have / must / with / to do / something) this case.
That man _____ this case.

(3) 私はどういう仕事についたらよいのか決められない。
I can't make up my (I / job / mind / should / take / what).
I can't make up my _____ .

(4) その手紙はまだ受け取っていません。誤配されたのかもしれません。
I haven't received the letter yet.　It (wrong / been / may / to / the / sent / have / address).
It _____ .

(5) きみはそこに行く前に家に電話すべきだったね。
You (have / home / to / your / called / ought / before) you went there.
You _____ you went there.

ヒント　(3)「決心する」make up one's mind　(5)「～するべきだった」ought to have＋過去分詞

10 受動態 (1)

🔑 1 受動態の基本 　基本例文

> ① The story **was read by** Jane yesterday. （その話は昨日ジェーンによって読まれた）
> ② This textbook **is not used** at our school.
> 　（この教科書は私たちの学校では使われていない）
> ③ **Was** this picture **painted** by her? （この絵は彼女によって描かれたのですか）
> ④ When **was** the telephone **invented**? （電話はいつ発明されたのですか）

- ☐ 受動態 ―〈be 動詞＋過去分詞（＋by ～）〉「～は（～によって）…される」
  　能動態の目的語（～を）が, 受動態では主語となる。
  ①′ Jane read the story yesterday. （ジェーンは昨日その話を読んだ）　〈能動態〉
- ☐ 受動態の時制 ― be 動詞の形で決まる。
- ☐ 受動態の否定文 ― be 動詞の後に not を置く。〈be 動詞＋not＋過去分詞〉
- ☐ 受動態の疑問文　a. 疑問詞がない場合〈Be 動詞＋S＋過去分詞 ～?〉（③）do, does は使わない。
  　　　　　　　　b. 疑問詞がある場合〈疑問詞＋be 動詞＋S＋過去分詞 ～?〉（④）の形。
  　　　　　注意 疑問詞が主語の場合は,〈疑問詞＋be 動詞＋過去分詞 ～?〉の形。

🔑 2 受動態と文の構造 　基本例文

> ① The key **was found by** Pochi.　　　　　　　　〈S＋V＋O の受動態〉
> 　（その鍵はポチによって見つけられた）
> ② We **were told** a strange story **by** Bob　（ボブによって不思議な話がされた）
> 　A strange story **was told** (to) us **by** Bob.　〈S＋V＋O＋O の受動態〉
> ③ The ship **was named** Tsubasa.　　　　　　　 〈S＋V＋O＋C の受動態〉
> 　（その船は翼と名づけられた）

- ☐ 受動態がつくれる文の形 ―〈S＋V＋O〉〈S＋V＋O＋O〉〈S＋V＋O＋C〉の 3 つ
- ☐ 〈S＋V＋O＋O〉の受動態 ― 目的語が 2 つあるので, **それぞれを主語にした受動態ができる。**
- ☐ 〈S＋V＋O＋C〉の受動態 ― **O を主語**にする。C は主語にならないので注意。

🔑 3 助動詞を含む受動態 　基本例文

> A full moon **can be seen** tonight. （今夜は満月が見られるよ）

- ☐ 〈助動詞＋**be**＋過去分詞〉の形になる。be 動詞は原形の be を用いる点に注意。

基礎を固める問題を解こう

解答 ➡ 別冊 p.9

1 ［受動態の基本］次の英文を受動態にしなさい。

(1) Every student likes Mr. Smith.
 → Mr. Smith (　　　) (　　　) (　　　) every student.

(2) They didn't invite me to the party yesterday.
 → I (　　　) (　　　) to the party yesterday.

(3) Did the teacher scold him?　　　scold「しかる」
 → (　　　) (　　　) (　　　) by the teacher?

(4) What did they find there?
 → What (　　　) (　　　) there?　whatは主語

(5) Where did they find it?
 → Where (　　　) (　　　) (　　　)?

2 ［受動態と文の構造］下線部を主語にして受動態にしなさい。

(1) My uncle gave me this computer.
 I _____.

(2) My uncle gave me this computer.
 This computer _____.

(3) My mother often makes me French fries.
 French fries _____.

(4) The war made the people of the country unhappy.　S＋V＋O＋Cの文
 The people of the country _____.

3 ［助動詞を含む受動態］日本文の意味を表すように，空所に適当な1語を入れなさい。

(1) 規則は守るべきだ。　　　　　　　　　　　　「守る」keep[observe]
 The rule (　　　) (　　　) (　　　).

(2) その事実は忘れてはならない。
 The fact (　　　) not (　　　) (　　　).　否定文は助動詞のあとにnot

(3) 会合は次の土曜日に開かれるだろう。
 The meeting (　　　) (　　　) (　　　) next Saturday.

11 受動態（2）

🔑 1 群動詞の受動態

基本例文
① I was **made fun of by** my classmates. （私はクラスメートにからかわれた）
② The baby **is taken care of by** her. （その赤ちゃんは彼女に世話されている）

- ☐ 〈動詞＋前置詞〉〈動詞＋名詞＋前置詞〉などの群動詞の受動態は，**群動詞全体を１つの動詞とみなして作る。**
  ①′→My classmates **made fun of** me. ②′→She **takes care of** the baby.
- ☐ その他の群動詞 ― **look after**(～を世話をする)，**bring up**(～を育てる)，**put off**(～を延期する)，**speak to**(～に話しかける)，**laugh at**(～を笑う)，**pay attention to**(～に注意を払う)，**look up to**(～を尊敬する)，**put up with**(～を我慢する)など

🔑 2 by 以外の前置詞を用いる受動態

基本例文
① A lot of people **were surprised at** the news. （多くの人がその知らせに驚いた）
② His name **is known to** most Americans.
  （彼の名前はほとんどのアメリカ人に知られている）

- ☐ 感情・心理を表す受動態 ― **be interested in**(～に興味がある)，**be pleased with**(～を喜ぶ)，**be shocked at**(～にショックを受ける)，**be satisfied with**(～に満足する)，**be excited at[about]**(～に興奮する)など
- ☐ その他の受動態 ― **be covered with**(～でおおわれている)，**be crowded with**(～で混雑している)，**be made of**＋材料(～で作られている)，**be made from**＋原料(～から作られている)，**be caught in**(雨などにあう)，**be disappointed in[at]**(～に失望する)など

🔑 3 進行形・完了形の受動態

基本例文
① A new house **is being built**. （新しい家が今建てられているところだ）
② All the cakes **have been sold**. （ケーキはすべて売れてしまった）

- ☐ 進行形の受動態 ―〈be動詞＋being＋過去分詞〉(①)「～されているところだ」
- ☐ 完了形の受動態 ― 現在完了の受動態は〈have[has] been＋過去分詞〉(②)「(ずっと)～されている」「～されてしまった」「～されたことがある」で表す。過去完了の受動態は〈had been＋過去分詞〉。

基礎を固める問題を解こう　　解答 ➡ 別冊 p.9

1 [群動詞の受動態] 下線部を主語にして，次の英文を受動態にしなさい。

(1) A stranger spoke to me on the train.
　_____ on the train.

(2) They will put off the game if it rains tomorrow.
　_____ if it rains tomorrow.

(3) My cousin takes care of my cat every Saturday.
　_____ every Saturday.

(4) They paid no attention to his opinion.
　_____

2 [by 以外の前置詞を用いる受動態] 日本文の意味を表すように，空所に適当な1語を入れなさい。

(1) あなたは彼の講演に満足ですか。
　Are you (　　　) (　　　) his lecture?

(2) 彼の両親は彼が入試に失敗してがっかりした。
　His parents were (　　　) (　　　) his failure in the entrance exam.

(3) 私は学校から帰る途中にわか雨に降られた。
　I was (　　　) (　　　) a shower on my way home from school.

(4) ヨーロッパの建物の多くは石でできている。　　　　　　　　be made of＋材料
　Many buildings in Europe are (　　　) (　　　) stone.

(5) ワインはぶどうから作られることを知っていますか。　　　　be made from＋原料
　Do you know that wine is (　　　) (　　　) grapes?

3 [進行形・完了形の受動態] 空所に適当な1語を入れて，受動態への書きかえを完成しなさい。

(1) The police were following him at that time.　　　　　follow「尾行する」
　→ He was (　　　) (　　　) by the police at that time.

(2) She hasn't invited me to her party yet.
　→ I haven't (　　　) (　　　) (　　　) her party yet.

テストによく出る問題にチャレンジ

解答 ➡ 別冊 *p.10*

1 空所に適当な1語を入れて，受動態への書きかえを完成しなさい。

(1) Do they sell post cards at that shop?
→ (　　　　) post cards (　　　　) at that shop?

(2) Deep snow covered the ground.
→ The ground (　　　　) (　　　　) with deep snow.

(3) Who broke this window?
→ (　　　　) (　　　　) was this window (　　　　)?

(4) Her mother bought her a nice watch.
→ A nice watch (　　　　) (　　　　) (　　　　) her by her mother.

(5) Nobody has ever spoken to me like that before.
→ I have (　　　　) (　　　　) spoken (　　　　) like that before.

ヒント (5)「だれも私にそんなふうに話しかけたことはない」→「私は話しかけられたことはない」never を用いる。

2 日本文の意味を表すように，空所に適当な1語を入れなさい。

(1) 電車事故で30名以上が負傷した。
More than thirty people (　　　　) (　　　　) in the train accident.

(2) この問題は解決できると思いますか。
Do you think this problem (　　　　) (　　　　) solved?

(3) 彼は新チームの主将に選ばれるだろう。
He (　　　　) (　　　　) (　　　　) captain of the new team.

(4) NASAによってこれまで数多くの宇宙飛行士が宇宙へと送られてきた。
Many astronauts (　　　　) (　　　　) (　　　　) into space by NASA so far.

ヒント (3)「選ぶ」elect[choose]　(4) astronaut「宇宙飛行士」，so far「これまで」

3 次の文の空所に入れるのに最も適当なものを選び，番号で答えなさい。

(1) He is so famous that he is (　) everybody in this city.
① seen to　② heard to　③ known to　④ thought of

(2) This building (　) for two hundred years.
① has used　② has been used　③ used　④ was used

(3) Paper (　　) from wood.
　① is making　　② makes　　③ is made　　④ maker

(4) Excellent facilities for vacations (　　) in our city at the moment.
　① are built　　② are building　　③ have built　　④ are being built

(5) Japan was playing Brazil in the final, so I (　　).
　① very excited　　② very exciting　　③ was exciting　　④ was excited

ヒント　(4)「現在建設されている」進行形の受動態。facility「施設」

4　日本文の意味を表すように，(　) 内の語句を並べかえなさい。

(1) 礼儀作法は家庭で教えられるべきだ。
　(at home / manners / be / good / should / taught).
　_____

(2) その城は山のふもとに位置している。
　(foot / located / castle / at / is / the / the / of) the mountain.
　_____ the mountain.

(3) 甘いものを頻繁に食べると虫歯になりやすい。
　(be / teeth / ruined / sweets / your / may / if) are eaten frequently.
　_____ are eaten frequently.

ヒント　(1)「礼儀作法」good manners

5　日本文の意味を表すように，下線部に英語を書きなさい。

(1) その国では何語が話されていますか。
　_____ in that country?

(2) 選挙は来月実施されるだろう。
　_____ next month.

(3) 彼は数多くの人に尊敬されている。
　He is _____.

(4) 彼の無礼な態度は我慢できない。
　His rude behavior _____.

ヒント　(2)「選挙」election,「実施する」hold　(3)「尊敬する」look up to[respect]
　　　　(4)「我慢する」put up with

12 不定詞（1）

🔑 1 名詞的用法の不定詞

基本例文

① He wants **to learn** Italian. （彼はイタリア語を勉強したいと思っている）〈目的語〉
② Do you know **how to reserve** a seat? （座席の予約の仕方を知っていますか）
③ I **want** him **to solve** the problem. （私は彼にその問題を解いてほしい）
　 S　V　O

□ **不定詞の名詞的用法** ─ 文中で**目的語**(①)・**主語**・**補語**の働きをする。
　To master a foreign language is not easy. （外国語を習得することは簡単ではない）〈主語〉
　＝ **It** is not[isn't] easy **to master** a foreign language.
　不定詞が主語になる場合は，**形式主語 It を文頭に置き**，不定詞を後ろにまわすのがふつう。

□ 〈**疑問詞＋to 不定詞**〉─ **how to ～**（～の仕方）(②)，**what to ～**（何を～するか），**when to ～**（いつ～するか），**where to ～**（どこへ～するか），**which＋名詞＋to ～**（どの…を～するか）など

□ **S＋V**[want, ask, tell など]**＋O＋to 不定詞** ─「O に～してもらいたい」「O に～するよう頼む」などの意味を表す(③)。**O と to 不定詞の間に意味上〈S＋V〉の関係が成り立つ。**

🔑 2 形容詞的用法の不定詞

基本例文

I have a lot of *work* **to do** today. （今日やるべき仕事がたくさんある）

□ **不定詞の形容詞的用法** ─「～すべき…」「～する…」の意味で，to 不定詞が**前の名詞・代名詞を修飾**する。例文では to do が work を修飾している。

□ **to 不定詞＋前置詞** ─ 不定詞の後に前置詞をともなう場合がある。
　Do you have *anything* **to talk** *about*? （何か話すことがありますか）

🔑 3 副詞的用法の不定詞

基本例文

① She left early **to catch** the first train. 〈目的〉
　（彼女は始発列車に間に合うように早く出発した）
② We were surprised **to hear** the news. （私たちはその知らせを聞いて驚いた）〈原因〉
③ He grew up **to be** a famous artist. （彼は大きくなって有名な画家になった）〈結果〉

□ **不定詞の副詞的用法** ─ **動詞，副詞，形容詞**などを修飾して，「～するために」(①)，「～して…」(②)，「～して(その結果)…になる」(③)などを表す。

□ **不定詞の副詞的用法を含む構文** ─ **too ～ to ...**（あまりに～なので…できない），**～ enough to ...**（…するだけ十分に～），**so ～ as to ...**（…するほどに～な）などがある。

基礎を固める問題を解こう　解答 ➡ 別冊 p.11

1 [名詞的用法] 下線部の不定詞が文中で，ア 目的語，イ 主語，ウ 補語のいずれの働きをしているかを（　）内に記号で書き，全文を日本語になおしなさい。

(1) My job was to wash the dishes and cups.　（　）

_____

(2) She wanted to join the music club.　（　）

_____

(3) To master English is not easy.　（　）

_____

2 [how to ～ など] 日本文の意味を表すように，空所に適当な1語を入れなさい。

(1) 彼女は何と言ってよいかわからなかった。

　　She didn't know (　　　) (　　　) (　　　).

(2) どこで昼食を食べたらよいのか教えてください。

　　Please tell me (　　　) (　　　) (　　　) lunch.

(3) 妹は私にその話をしてくれと頼んだ。

　　My sister asked (　　　) (　　　) tell the story.　「話をするのは私」

3 [形容詞的用法] 日本文の意味を表すように，(　)内の語句を並べかえなさい。

(1) 彼は飛行機の中で読む雑誌を何冊か買った。

　　He (bought / to / some magazines / read) in the plane.

　　He _____ in the plane.

(2) 私たちを手伝ってくれる人を探している。

　　We are looking for (help / a man / us / to).

　　We are looking for _____.

4 [副詞的用法] (1)～(4)に続く最も適当なものを，ア～エからそれぞれ選びなさい。

(1) We were shocked (　)　　　ア to be a great scientist.
(2) The boy grew up (　)　　　イ enough to believe her.
(3) I was foolish (　)　　　　 ウ to buy some food and drinks.
(4) My mother went shopping (　)　 エ to hear the news.

13 不定詞（2）

🔑 1 〈使役〔知覚〕動詞＋目的語＋原形不定詞〉・意味上の主語

基本例文

① Mother sometimes *makes* me **go** shopping. （母はときどき私を買い物に行かせる）
　　S　　　　　　 V　　O　C

② I *heard* the boy **call** my name from behind. （その少年が背後から私の名前を呼ぶのが聞こえた）
　S　　　　 O　　C

③ It is easy ***for her*** **to read** the book. （彼女がその本を読むのはやさしい）

不定詞には to をともなう不定詞と to のない不定詞〔原形不定詞〕がある。
- □ 〈使役動詞[**make**, **have**, **let**]＋目的語＋原形不定詞〉「～に…させる」（①）
- □ 〈知覚動詞[**see**, **hear**, **watch**]＋目的語＋原形不定詞〉「～が…するのを見る〔聞く〕」（②）
- □ 〈～ **for** _ **to** 不定詞〉— **for** _ が不定詞の意味上の主語である（③）。「～」に kind, stupid など「人の性質や態度」を表す語が来る場合は，**of** が用いられる。
　　　　It is kind ***of you*** **to invite** me. （お招きくださってありがとう）

🔑 2 be 動詞＋to ～，seem to ～ など

基本例文

① Ken and I **are to meet** at seven this evening.
　　（健と私は今晩7時に会うことになっています）

② She **seems to** be kind. （彼女は親切なようだ）

- □ **be** 動詞＋**to** ～ —「予定」（①）「義務」「運命」「可能」などの意味を表す。
- □ **seem to ～**「～と思われる」「～のようだ」（②），**happen to ～**「たまたま～する」

🔑 3 不定詞の否定形・完了形など

基本例文

① He tried **not to think** about the past. 〈否定形〉
　（彼は昔のことは考えないようにした）

② She seems **to have been** abroad. （彼女は以前海外にいたように思われる） 〈完了形〉

③ The girl wanted **to be loved** by her parents. 〈受動態〉
　（その少女は両親に愛されたかった）

- □ 不定詞の否定形 —〈**not**[**never**] **to** ～〉の形。不定詞のすぐ前に **not**[**never**] を置く。
- □ 不定詞の完了形 —〈**to have**＋過去分詞〉で，述語動詞よりも前の時を表す。
　②′→ It *seems* that she *was*[*has been*] abroad.
　　　　　　現在形　　　　　過去形
- □ 不定詞の受動態 —〈**to be**＋過去分詞〉の形。

基礎を固める問題を解こう

解答 ➡ 別冊 *p.11*

1 [原形不定詞・意味上の主語] 次の文の空所から適当な語句を選びなさい。

(1) The teacher made one student (sing / to sing) the song.
(2) I'll tell her (come / to come) tomorrow.
(3) Did you see the man (enter / to enter) the room?
(4) They wanted you (join / to join) their club.
(5) He had the secretary (send / to send) the mail.
(6) She heard something (move / to move) in the dark.
(7) We asked the woman (tell / to tell) us the way to the station.

2 [be 動詞＋to ～, seem to ～ など] 日本文の意味を表すように，空所に適当な1語を入れなさい。

(1) 私たちは空港で会うことになっている。
　　We (　　　) (　　　) (　　　) at the airport.
(2) 彼の言うことに耳を傾けるべきだ。
　　You (　　　) (　　　) (　　　) to his words.
(3) 彼女はその事実を知っているようだ。
　　She (　　　) (　　　) (　　　) the fact.
(4) ジョンはそのときたまたま店内にいた。
　　John (　　　) (　　　) (　　　) in the store then.

3 [否定形・完了形など] 日本文の意味を表すように，(　　)内の語句を並べかえなさい。

(1) 私は彼女に会わないことに決めた。
　　I have decided (her / to / not / see).
　　I have decided _____.
(2) 彼らはすでに目的地に着いたようだ。　　「目的地」destination
　　They (arrived / seem / to / at / have) the destination.
　　They _____ the destination.
(3) 真理はパーティに招待してもらいたかった。
　　Mari wanted (be / to / invited / to) the party.
　　Mari wanted _____ the party.

13 不定詞(2)　43

テストによく出る問題にチャレンジ

解答➡別冊 p.11

1 次の文の空所に入れるのに最も適当なものを選び，番号で答えなさい。

(1) My mother wouldn't (　) me eat more than one ice cream a day.
　① admit　　　　② get　　　　③ let　　　　④ permit

(2) The boy turned on his father's computer, though he had been told (　).
　① not do it　　② not to　　③ to do not　　④ to not

(3) The doctor told me (　) in bed.
　① stay　　② to stay　　③ staying　　④ stayed

(4) Is there any seat for (　) on?
　① I to sit　　② me sitting　　③ me to sit　　④ my sitting

(5) It was rude (　) him to come to the party without being asked.
　① of　　② at　　③ by　　④ with

(6) She told (　) spend more than ten dollars.
　① me not to　　② me do not　　③ to me not　　④ not me to

(7) She was the only one (　) the crash.
　① to survive　　② survive　　③ survived　　④ has survived

(8) I had my neighbor (　) the leak in the kitchen.
　① repair　　② repaired　　③ to repair　　④ to have repaired

(9) You are (　) know the reason, aren't you?
　① enough old to　② old enough to　③ so old to　④ old as to

ヒント (7) crash「墜落事故」 (8) leak「漏れ口〔穴〕」

2 日本文の意味を表すように，（　）内の語句を並べかえなさい。

(1) 今私たちにできることは限られている。もっと情報が得られたらお知らせします。
　There is not much we can do now. I'll (I / know / let / when / you) get more information.
　There is not much we can do now. I'll ＿＿＿＿＿＿＿＿＿＿ get more information.

(2) この辞書は子供が使えるほど簡単である。
　This dictionary is (children / easy / use / enough / for / to).
　This dictionary is ＿＿＿＿＿＿＿＿＿＿．

(3) 彼はどこに行っても新しい友人を作るようだ。

He (friends / make / new / seems / to / wherever) he goes.

He _____ he goes.

(4) トムは演劇クラブに入らないことにした。

(decided / join / not / to / Tom) the drama club.

_____ the drama club.

(5) 彼女は日本に来る前はオーストラリアに住んでいたようだ。

She appears (Australia / lived / to / before / in / have) she came to Japan.

She appears _____ she came to Japan.

ヒント (3)「どこに行っても」wherever he goes　(5) 不定詞の完了形。appear to ～「～のようだ」

3　日本文の意味を表すように，空所に適当な1語を入れなさい。

(1) 寒くて外で遊ぶことができない。

It is too (　　　　) (　　　　) (　　　　) outdoors.

(2) 彼女は親切にも私を社長に紹介してくれた。

She was (　　　) (　　　　) (　　　　) introduce me to the president.

(3) 切符はどこで買うか知っていますか。

Do you know (　　　) (　　　　) (　　　　) the ticket?

(4) 買いたければそのかばんを買ってもいい。

You can buy the bag if you (　　　　) (　　　　).

ヒント (4) 空所のあとに buy it が省略されている。

4　日本文の意味を表すように，下線部に英語を書きなさい。

(1) 私の兄は17歳なので、まだ投票できる年齢ではない。

My brother is seventeen years old, so _____

_____ vote.

(2) 昨日駅で偶然あなたのお兄さんに会った。

I _____ at the station yesterday.

(3) そんなことを言うとは彼も愚かだった。

It was _____ to say such a thing.

ヒント (1)「若すぎて投票できない」と考える。 (3)「愚かな」stupid[foolish]

14 動名詞 (1)

🔑 1 動名詞の形と働き　　基本例文

① **Fishing** in the sea is a lot of fun. （海で釣りをするのはとてもおもしろい）　〈主語〉
② My pleasure is **watching** birds. 　〈補語〉
　（私の楽しみは鳥を観察すること [バードウォッチング] です）
③ She enjoyed **traveling** during the holiday. 　〈目的語〉
　（彼女は休暇中に旅行をして楽しんだ）
④ We talked about **going** abroad. 　〈前置詞の目的語〉
　（私たちは外国へ行くことについて話した）

☐ 動名詞は〈動詞の原形＋-ing〉の形で「〜すること」の意味を表す。意味と働きは名詞的用法の不定詞と似ていて，文中で主語や補語になったり，動詞や前置詞の目的語になる。
　注意 不定詞は前置詞の目的語になることはできない。（✕）We talked about *to go* abroad.

🔑 2 目的語としての動名詞・不定詞　　基本例文

① I **enjoyed driving** (✕ to drive) a car. （私はドライブを楽しんだ）
② He **decided to resign** (✕ resigning). （彼は辞職することに決めた）

☐ 動詞によっては，動名詞または不定詞のどちらか一方しか目的語にできないものがあるので注意。

(1) 動名詞だけを目的語にする動詞（①）

> **enjoy**, **finish**(〜し終える), **avoid**(〜をさける), **deny**(〜を否定する), **miss**(〜しそこなう), **escape**(〜をまぬがれる), **stop**(〜をやめる), **mind**(〜を気にする), **consider**(〜を考える), **practice**(〜を行う), **give up**(〜をやめる) など

(2) 不定詞だけを目的語にする動詞（②）

> **decide**, **hope**(〜を望む), **wish**(〜したいと思う), **agree**(〜に同意する), **offer**(〜を申し出る), **promise**(〜を約束する), **expect**(〜を予期する), **mean**(〜するつもりだ), **pretend**(〜するふりをする), **refuse**(〜を拒否する), **learn**(〜するようになる) など

(3) 動名詞・不定詞の両方を目的語にする動詞 ― 次の動詞はどちらも目的語にすることができる。

> **begin**, **start**, **continue**(〜し続ける), **cease**(〜をやめる), **like**, **love** など

注意 動名詞・不定詞の両方を目的語にとるが，意味が異なる動詞もある。

{ **remember ~ing**(〜したことを覚えている)　　{ **try ~ing**(ためしに〜する)
{ **remember to ~**(忘れずに〜する)　　　　　　{ **try to ~**(〜しようとする)

基礎を固める問題を解こう

解答 ➡ 別冊 p.12

1 [動名詞の形と働き] 日本文の意味を表すように，英文を完成しなさい。ただし，下線部を動名詞にかえ，空所に適当な1語を補って答えること。

(1) 食べ過ぎることは健康によくない。
　　<u>Eat</u> (　　　) (　　　) is not good for your health.

(2) 彼の趣味は花の写真を撮ることだった。
　　His hobby was <u>take</u> (　　　) of flowers.

(3) 彼女は来客と話をして楽しんだ。
　　She enjoyed <u>talk</u> (　　　) the guest.

(4) 私はSF映画を見るのが好きだ。
　　I am fond of <u>watch</u> SF (　　　).　　前置詞のあとは動名詞

2 [目的語としての動名詞・不定詞(1)] 次の文の空所から適当な語句を選びなさい。

(1) They enjoyed (traveling / to travel) in Canada.
(2) He decided (going / to go) on to university.
(3) I missed (watching / to watch) the TV program.
(4) Do you mind (coming / to come) here tomorrow?
(5) She promised (showing / to show) the picture.
(6) We agreed (starting / to start) the next morning.
(7) I gave up (visiting / to visit) the museum.

3 [目的語としての動名詞・不定詞(2)] 次の各組の文を日本語になおしなさい。

(1) a. I remember calling her that night.

　　b. Please remember to call her tomorrow.

(2) a. He tried opening the small box.　　「ためしに〜する」

　　b. He tried to open the small box, but he couldn't.　　「〜しようとする」

15 動名詞 (2)

🔑 1 動名詞の意味上の主語

基本例文

① I am afraid of **getting** nervous. （私はあがらないかと心配している）
② I am afraid of **his[him] getting** nervous. （私は彼があがらないかと心配している）

☐ 動名詞が表す動作をする人〔もの〕のことを動名詞の意味上の主語という。意味上の主語を示す場合と示さない場合がある。動名詞の主語が，文の主語と同じ場合(①)，「一般の人」である場合は意味上の主語を示さない。動名詞の意味上の主語が文の主語と異なる場合は，名詞・代名詞の所有格，または目的格を動名詞の前に置く(②)。

🔑 2 動名詞の否定形・完了形・受動態

基本例文

① One of his faults is **not coming** on time. 〈否定形〉
　　（彼の欠点の1つは時間通りに来ないことだ）
② She denied **having gone** there. （彼女はそこへ行かなかったと言った） 〈完了形〉
③ Jane does not like **being sent** to bed early. 〈受動態〉
　　（ジェーンは早く寝かされるのをいやがる）

☐ 動名詞の否定形 ―〈**not**＋**-ing**〉 動名詞の前に **not** または **never** を置く(①)。
☐ 動名詞の完了形 ―〈**having**＋過去分詞〉で，述語動詞の示す時よりも以前の時を示す。
　　②′→ She *denied* that she *had gone* there.
　　　　　　　過去形　　　　　　　過去完了形
☐ 動名詞の受動態 ―〈**being**＋過去分詞〉「～されること」の意味を表す(③)。

🔑 3 動名詞を含む慣用表現

基本例文

① **On hearing** the news, Yoshio jumped for joy.
　　（その知らせを聞いたとたん，良夫は喜んで飛び上がった）
② We **are looking forward to hearing** from you.
　　（あなたからのお便りを楽しみに待っています）

---

on -ing(～するとすぐ)，**in -ing**(～する際に)，**feel like -ing**(～したい気がする)，**There is no -ing.**(～できない)，**It is no use[good] -ing.**(～してもむだである)，**cannot help -ing**(～せずにはいられない)，**worth -ing**(～する価値がある)，**look forward to -ing**(～することを楽しみに待つ)，**It goes without saying that ～.**(～はいうまでもない)，**Would you mind -ing?**(～していただけませんか) など

基礎を固める問題を解こう　解答 ➡ 別冊 p.13

1 [動名詞の意味上の主語] 日本文の意味を表すように，空所に適当な1語を入れなさい。

(1) a. 彼はそのサッカーチームの一員であることを誇りに思っている。
　　He is proud (　　　　) (　　　　) a member of the soccer team.
　b. 彼は息子がそのサッカーチームの一員であることを誇りに思っている。
　　He is proud (　　　　) (　　　　) (　　　　) (　　　　) a member of the soccer team.　「チームの一員は彼の息子」

(2) a. ここに座っていただけませんか。 Would you mind (　　　　) here?
　b. ここに座ってもかまいませんか。
　　Would you mind (　　　　) (　　　　) here?　「座るのは私」

2 [動名詞の否定形・完了形・受動態] 日本文の意味を表すように，(　　)内の語句を並べかえなさい。

(1) 残念ながら，会議には出席できません。
　I'm (attending / not / sorry / the meeting / for).
　I'm _____.

(2) だれでもほめられるのが好きだ。 Everyone (being / likes / praised).
　Everyone _____.

(3) 5年間海外にいた後，彼女は帰国した。
　She returned home (abroad / having / after / been) for five years.
　She returned home _____ for five years.

3 [動名詞を含む慣用表現] 日本文の意味を表すように，空所に適当な1語を入れなさい。

(1) 帰宅するとすぐに私はベッドに横になった。
　(　　　　) (　　　　) home, I lay on the bed.

(2) その教会は訪れる価値がある。
　The church is (　　　　) (　　　　).

(3) 今になっては何をしてもむだである。
　It is (　　　　) (　　　　) (　　　　) anything now.

(4) 私たちはその計画を中止せざるを得ない。
　We (　　　　) (　　　　) (　　　　) the plan.

テストによく出る問題にチャレンジ

解答 ➡ 別冊 p.13

1 次の文の空所に入れるのに最も適当なものを選び，番号で答えなさい。

(1) I'm sorry for (　) your e-mail sooner.
　① not to answer　　　　　② not having answered
　③ not to have answer　　　④ no answering

(2) She went out of the room without (　).
　① to be seen　② seeing　③ to be seeing　④ being seen

(3) I enjoyed (　) TV last night.
　① watch　② watched　③ watching　④ to watch

(4) I regret (　) him my dictionary. I cannot do my work without it.
　① lent　② to lend　③ lending　④ to have lent

(5) His doctor insists (　) for a few days.
　① on he is resting　　　② him on rest
　③ on his resting　　　　④ him resting

(6) She considered (　) abroad after graduating college.
　① to study　② studying　③ of study　④ being studied

(7) I don't feel (　) studying on such a beautiful day.
　① like　② from　③ against　④ for

(8) Would you mind (　) me a hand with the dishes?
　① to give　② give　③ giving　④ given

(9) The poem is worth (　) by heart.
　① learn　② learning　③ to learned　④ learned

ヒント　(4) regret -ing「～したことを後悔する」　(5) insist on -ing「～することを主張する」

2 日本文の意味を表すように，(　)内の語句を並べかえなさい。

(1) 人生は，次に何が起こるかわかりません。

In (happen / is / life / no / telling / there / what / will) next.

In _____ next.

(2) 彼の計画はうまくいかないのではないかと思う。

I'm afraid (working / not / of / well / his plan).

I'm afraid _____.

(3) 彼女は両親に何度もしかられるのがいやだった。

She didn't like (her parents / so / being / by / scolded) often.

She didn't like _____ often.

(4) 今夜は外で食事をしてはいかがですか。

What (say / you / eating / out / do / to) this evening?

What _____ this evening?

(5) 行動する前には十分考えなさい。

Be sure (doing / sufficiently / to / before / think) something.

Be sure _____ something.

(6) 十分な睡眠は健康のもとである。

(well / you / sleeping / healthy / makes).

_____

ヒント (3)動名詞の受動態。「何度も」so often (5) sufficiently「十分に」 (6)「十分な睡眠はあなたを健康にする」と考える。

3 次の文の空所から適当な語(句)を選びなさい。

(1) We should avoid (to take / taking) that route. _____

(2) She decided (to travel / traveling) abroad during the holiday. _____

(3) Don't forget (to send / sending) the e-mail to him tomorrow. _____

(4) I will never forget (to visit / visiting) Rome in 2010. _____

(5) They promised (to attend / attending) the meeting. _____

ヒント (3)(4) forget -ing「～したことを忘れる」，forget to ～「～することを忘れる」

4 次の2文がほぼ同じ意味を表すように，空所に適当な1語を入れなさい。

(1) She repented that she had been idle.

She repented of (　　　) (　　　) idle.

(2) As soon as he finished his work, he hurried home.

(　　　) (　　　) his work, he hurried home.

(3) Needless to say, he is responsible for the accident.

It (　　　) (　　　)(　　　) that he is responsible for the accident.

ヒント (1) repent「後悔する」 (3) needless to say「いうまでもなく」，be responsible for ～「～に責任がある」

16 分詞(1)

🗝 1 名詞を修飾する用法　　　基本例文

① Look at that **sleeping** *baby*.　（あの眠っている赤ちゃんをごらんなさい）
② The *baby* **sleeping** in the bed looked so well.
　（ベッドで眠っている赤ちゃんはとても元気に見えた）
③ We should learn **spoken** *English* more.　（もっと話されている英語を学ぶべきです）
④ What is the *language* **spoken** in Brazil?
　（ブラジルで話されている言葉は何ですか）

- ☐ 現在分詞・過去分詞 ─ 形容詞として直接名詞を修飾するのに用いられる。
- ☐ 分詞が名詞を修飾する場合 ─ 分詞が1語だけのとき→〈分詞＋名詞〉の語順（①③）。
　分詞が目的語・補語・修飾語を伴うとき→〈名詞＋分詞〜〉の語順（②④）。
- ☐ 現在分詞は「〜している，〜する」という能動的意味，過去分詞は「〜される，〜された」という受動的意味になる。

🗝 2 補語になる用法　　　基本例文

① The baby **kept crying** all night.　（赤ちゃんは一晩中泣き続けた）
　　　　S　　V　　　C
② We **saw** some dolphins **swimming** in the sea.
　S　V　　　O　　　　　C
　（私たちは海でイルカが泳いでいるのを見た）

- ☐ 現在分詞・過去分詞は，主語の動作・状態を説明する補語になる。
- ☐ 〈S＋V＋C[＝分詞]〉─ Cが現在分詞のときは「Sが〜して」「Sが〜しながら」(①)，過去分詞のときは「Sが〜されて」の意味を表す。
　　　He **looked disappointed** at the news.　（彼はその知らせに失望しているように見えた）
- ☐ 〈S＋V＋O＋C[＝分詞]〉─ Cが現在分詞のときは「Oが…しているのを見る[聞く，など]」(②)，「Oに…させておく」，過去分詞のときは「Oが…されるのを見る[聞く，など]」の意味を表す。
　　　Jack **heard** his name **called** from behind.
　　　　（ジャックは自分の名前が後ろから呼ばれるのを聞いた）
- 注意 〈have＋目的語＋過去分詞〉で，「〜を…してもらう」の意味になることもある。
　　　I **had** my car **washed** yesterday.　（私は昨日車を洗ってもらった）

基礎を固める問題を解こう

解答 ➡ 別冊 p.14

1 [名詞を修飾する用法] （　）内の動詞を現在分詞または過去分詞になおしなさい。

(1) Look at the fish (swim) in the river.
(2) She showed me some pictures (take) during the tour.
(3) I spoke to a girl (stand) at the gate.
(4) They were surprised at the (break) door.
(5) Are these bags (make) in Italy?
(6) Be careful. The water is (boil).
(7) The (excite) audience stood up and shouted.
　　「興奮している観客」の意味

2 [補語になる用法(1)] 日本文の意味を表すように，空所に適当な1語を入れなさい。

(1) 彼らは大声で話しながら出てきた。
　　They (　　　) out (　　　) in loud voices.
(2) 一行は何マイルも歩き続けた。　The party (　　　) (　　　) for miles.
(3) 壊れたドアをすぐに修理してもらわなければならない。　　　「修理する」repair
　　I must (　　　) the broken door (　　　) at once.

3 [補語になる用法(2)] 日本文の意味を表すように，（　）内の語句を並べかえなさい。

(1) ベスはその少年と話をしながら座っていた。
　　Beth (with / talking / sat) the boy.
　　Beth _____ the boy.
(2) そのドアは1日中ずっと閉まったままであった。
　　The door (day / closed / remained / all).
　　The door _____.
(3) 警報が鳴るのを聞いた人はいなかった。
　　No one (ringing / the alarm bell / heard).
　　No one _____.
(4) そのとき自分の名前が呼ばれるのが聞こえたような気がした。
　　I felt (my name / heard / called / I) then.
　　I felt _____ then.

17 分詞(2)

🔑 1 分詞構文の形・意味　　〈基本例文〉

① **Seeing** me, she waved her hand.　（私を見ると，彼女は手を振った）　〈時〉
② **Living** near the park, I often went there for a walk.　〈理由〉
　（公園の近くに住んでいたので，私はよくそこへ散歩に行った）
③ **Smiling** brightly, she handed me the book.　〈付帯状況〉
　（にっこり笑って，彼女は私にその本を手渡してくれた）

- □ 分詞1語で〈接続詞＋S＋V〉の働きをする構文を**分詞構文**という。
- □ 分詞構文のつくり方 ─ (1) 接続詞をとる。(2) 主節と副詞節の主語が同じ場合，**副詞節の主語をとる**。(3) 主節と副詞節の「時」が同じ場合，**副詞節の動詞を現在分詞にかえる**。

　When she　saw me, she waved her hand.　〈副詞節のある文〉
　　↓(1)　↓(2)　↓(3)
　　×　　×　　Seeing me, she waved her hand.　〈分詞構文〉

　注意 副詞節の主語と主節の主語が異なる場合は，分詞の前に意味上の主語を置く。
　　Nobody having any more to say, **the committee** broke up.
　　（だれもそれ以上何も言うことがなかったので，委員会は散会した）

- □ 分詞構文の表す意味 ─ 時(①)・理由(②)・付帯状況(同時の状況「〜しながら」，続いて起こる状況「〜して，そして」)(③)などを表す。

🔑 2 注意すべき分詞構文　　〈基本例文〉

① **Having put** her baby to bed, she set to work.
　（赤ん坊を寝かしてから，彼女は仕事にとりかかった）
② **Written** in easy English, this book is read by many children.
　（やさしい英語で書いてあるので，この本は多くの子どもに読まれている）

- □ **完了形の分詞構文** ─ 分詞の表す時が文の述語動詞よりも前の場合，完了形の分詞構文〈**having＋過去分詞**〉を用いる(①)。

　After she *had put* her baby to bed, she *set* to work.
　　　　　 過去完了　　　　　　　　　　　　　過去

- □ **受動態の分詞構文** ─ 〈**(being＋)過去分詞**〉being は通常省略され，過去分詞で始まる(②)。
- □ **否定形の分詞構文** ─ 〈**not[never]＋分詞**〉not[never] を分詞の前に置く。

　注意 〈**with＋目的語＋分詞**〉で「〜を…して」「〜を…しながら」の意味で付帯状況を表す。
　　She sat on the sofa **with** her eyes **closed**.　（彼女は目をつぶって，ソファーに座っていた）

基礎を固める問題を解こう　解答⇒別冊 p.15

1 [分詞構文の形] 各組の2文がほぼ同じ意味を表すように，空所に適当な1語を入れなさい。

(1) While I was traveling in Hokkaido, I saw my old friend.
(　　　　) in Hokkaido, I saw my old friend.

(2) As she felt well, she went out for a walk.
(　　　　) well, she went out for a walk.

(3) When he entered the room, he saw a strange man.
(　　　　) the room, he saw a strange man.

2 [分詞構文の表す意味] 次の文を日本語になおしなさい。

(1) The bus will start at eight, arriving here at ten.　分詞構文は「～して，そして」の意味

(2) Seeing me, the man ran away.

(3) Having enough money, she decided to buy the expensive bag.

(4) Walking along the street, he came to an old church.

3 [注意すべき分詞構文] 日本文の意味を表すように，(　　)内の語句を並べかえなさい。

(1) 電話番号を知らないので，彼に連絡できない。
(his phone number / knowing / not), I cannot contact him.
＿＿＿＿＿＿＿＿＿＿＿＿＿＿＿＿＿＿＿＿, I cannot contact him.

(2) 方言で話されているので，その会話を理解できなかった。　受動態の分詞構文
(dialect / in / spoken), the dialogue couldn't be understood.
＿＿＿＿＿＿＿＿＿＿＿＿＿＿＿＿＿＿, the dialogue couldn't be understood.

(3) 夕食を早くすませて，彼は町へ出かけた。
(dinner / having / early / finished), he went downtown.
＿＿＿＿＿＿＿＿＿＿＿＿＿＿＿＿＿＿＿＿, he went downtown.

テストによく出る問題にチャレンジ

解答 ➡ 別冊 *p.15*

1 次の文の空所に入れるのに最も適当なものを選び，番号で答えなさい。

(1) The languages (　) in Canada are English and French.
　① speaking　　② spoke　　③ spoken　　④ to speak

(2) (　) from this angle, the doll looks more attractive.
　① On viewing　② To view　③ Viewed　④ Viewing

(3) (　) with other firms, ours is in a convenient location.
　① Compare　　　　　　　② Compared
　③ Comparing　　　　　　④ Having compared

(4) Listen! Can you hear someone (　) for help?
　① called　② to call　③ calling　④ is calling

(5) No one saw him (　) into the store.
　① goes　② going　③ gone　④ to go

(6) The boy came (　) his hand.
　① wave　② to wave　③ waving　④ waved

(7) He had his bicycle (　) in front of that convenience store.
　① stealing　② steal　③ stolen　④ to be stolen

(8) I usually feel (　) at the end of the vacation.
　① depressing　② depressed　③ depress　④ depresses

(9) They kept me (　) for more than one hour.
　① wait　② waiting　③ waited　④ having waited

(10) The cat (　) peacefully in the sun is our old cat.
　① sleep　② sleeps　③ sleeping　④ to sleep

ヒント　(2) 主語は the doll なので分詞構文の受動態。angle「角度」, attractive「魅力的な」　(3) compare with ~「~と比較する」, firm「企業, 商店」　(8) depress「憂うつにさせる」　(10) peacefully「おだやかに」

2 日本文の意味を表すように，(　)内の語句を並べかえなさい。

(1) 男の子は虫歯を抜いてもらった。

(had / his bad tooth / out / the boy / pulled).

(2) 彼はその問題を未解決のままほおっておいた。

(the problem / he / unsolved / left).

_____

(3) あの山の上を高く飛んでいる飛行機が見えますか。

Do you (flying / high above / see / that / the airplane) mountain?

Do you _____ mountain?

(4) 私は強風に帽子を吹き飛ばされた。

I (my hat / had / by / blown / off) a strong wind.

I _____ a strong wind.

(5) 彼はドアの前に長い間立ち続けました。

He (a long time / for / in front of / kept / the door / standing).

He _____ .

ヒント (2) leave A B 「AをBのままにしておく」

3 次の2文がほぼ同じ意味を表すように，空所に適当な1語を入れなさい。

(1) As I live near the park, I often take a walk there.

(　　　　) near the park, I often take a walk there.

(2) Since I had seen him several times, I could recognize him at once.

(　　　　) (　　　　) him several times, I could recognize him at once.

(3) It was rainy, so the boys stayed indoors.

(　　　　) (　　　　) rainy, the boys stayed indoors.

(4) When the rock is seen from here, it looks like a lion.

(　　　　) from here, the rock looks like a lion.

ヒント (3) 主節と副詞節の主語が異なる点に注意。

4 日本文の意味を表すように，空所に適当な1語を入れなさい。

(1) 彼は足を組んでそこに座っていた。

He sat there (　　　　) his (　　　　) (　　　　).

(2) 年齢を考えると，彼女は大変よくやった。

(　　　　) her (　　　　), she did very well.

ヒント (2)「年齢を考慮すると」と考える。「考慮する」consider

57

18 名詞・代名詞（1）

🔑 1 名詞の種類と複数形　基本例文

① This **book** is mine.　（この本は私のです）
② Give me some **milk**.　（私に牛乳をください）
③ The **children** are going to brush their **teeth**.　（子供たちはこれから歯をみがきます）

- ☐ 数えられる名詞と数えられない名詞 — 数えられる名詞→普通名詞（①），集合名詞（family, police など）
  数えられない名詞→固有名詞（Tokyo など），物質名詞（②），抽象名詞（happiness など）
- ☐ 名詞の複数形 — 規則変化…(1) ふつうの形は単数形の語尾に **-s** をつける。
  (2) 語尾が **s, ss, o, x, sh, ch** は **-es** をつける。
  　bus → bus**es**, glass → glass**es**, potato → potato**es**,
  　box → box**es**, toothbrush → toothbrush**es**, bench → bench**es**
  (3) 語尾が **f, fe** は **f, fe** を **v** にかえて **-es** をつける。 leaf → lea**ves**, knife → kni**ves**
  (4) 語尾が〈子音字＋**y**〉は **y** を **i** にかえて **-es** をつける。
  　baby → bab**ies**, city → cit**ies**, country → countr**ies**
  不規則変化…man → m**e**n, tooth → t**ee**th, foot → f**ee**t　（母音がかわる）
  　child → child**ren**, ox → ox**en**　（語尾に -ren, -en をつける）
  　sheep → sheep, Japanese → Japanese　（単数・複数が同形）
  　datum → **data**, crisis → **crises**, phenomenon → **phenomena**（外来語の複数形）

🔑 2 人称代名詞　基本例文

① **I** gave **him** a dictionary, but **he** lost **it**.
　　（私は彼に辞書をあげたのに，彼はそれをなくした）
② Did you enjoy **yourself** at the party?　（パーティーは楽しかったですか）

- ☐ 代名詞は，名詞の代わりをする語。人称代名詞は格による変化がある。「私（たち）が」〔主格〕－「私（たち）の」〔所有格〕－「私（たち）を」〔目的格〕は，**I[we]** － **my[our]** － **me[us]** と変化する。
  you（あなた（がた）が）－ **your**（あなた（がた）の）－ **you**（あなた（がた）を），**he**（彼が）－ **his**（彼の）－ **him**（彼を），**she**（彼女が）－ **her**（彼女の）－ **her**（彼女を），**it**（それが）－ **its**（それの）－ **it**（それを），**they**（彼（女）らが）－ **their**（彼（女）らの）－ **them**（彼（女）らを）
  注意 we, you, they が「一般の人」を表す場合がある。この場合は，we, you, they を訳さないほうが自然。
- ☐ **-self[selves]**「～自身」— 他動詞の目的語が主語自身である場合（②）と，主語や目的語などを強める場合に用いる。

基礎を固める問題を解こう

解答 ➡ 別冊 *p.16*

1 [名詞の複数形] 次の名詞の複数形を書きなさい。

(1) baby (　　　　　)　(2) sandwich (　　　　　)
(3) knife (　　　　　)　(4) tomato (　　　　　)
(5) foot (　　　　　)　(6) Japanese (　　　　　)
(7) sheep (　　　　　)　(8) crisis (　　　　　)
(9) passer-by (　　　　　)
(10) woman driver (　　　　　)

2 [名詞の種類] 日本文の意味を表すように，空所に適当な1語を入れなさい。

(1) 私の家族はみんな朝寝坊です。
My (　　　　) are all late risers.
(2) 警察はその行方不明者たちを捜索している。
The (　　　　) are looking for the missing (　　　　).
(3) 数学は彼の得意科目だ。(　　　　) is his favorite subject.
(4) 健康は富にまさる。
(　　　　) is better than (　　　　).

3 [人称代名詞] 日本文の意味を表すように，空所に適当な代名詞を入れなさい。

(1) その女子生徒たちはみんな彼女たちのクラス担任の先生が好きです。
All the girl students like (　　　　) homeroom teacher.
(2) ここは2月に雪がたくさん降った。
(　　　　) had much snow here in February.
(3) あなたの国では何語を話していますか。
What language do (　　　　) speak in (　　　　) country?
(4) これは私の自転車ではありません。彼女のです。
This is not (　　　　) bike. It's (　　　　).
(5) 京都は美しい寺で有名です。
Kyoto is famous for (　　　　) beautiful temples.　Kyoto＝it の所有格を入れる
(6) あの少年は親切そのものです〔とても親切です〕。
That boy is kindness (　　　　).

19 名詞・代名詞（2）

🔑 1 名詞の所有格

基本例文

① **Jim's** parents are very strict.（ジムの両親はとてもきびしい）
② I met **a friend of mine** at the bookstore.（私は本屋で友人の1人に出会った）

- □ **所有格の形** ─ (1)名詞が生物の場合…単数名詞には，**'s**（①）を，-(e)s で終わる複数名詞には，**'** のみをつける。(2)名詞が無生物の場合…所有格の代わりに**前置詞 of** を用いる。
  the wall **of** the room（その部屋の壁）
- □ a や this[that] と所有格を並べて使うことはできないので，〈a, this, that ...＋名詞＋**of**＋所有代名詞[**mine, his** など]〉の形にする（②）。

🔑 2 one, none, other, another

基本例文

① I want a camera, but I have no money to buy **one**.
　（カメラがほしいが，買うお金がない）
② Do you have any sisters? ─ No, I have **none**.（姉妹がいますか。─いいえ，いません）
③ I don't like this belt. Please show me **another**.
　（このベルトは気に入らない。別のを見せてください）
④ **One** stayed and **the other** went away.（1人は残り，あとの1人は出て行った）

- □ **one** ─ 前に出てきた名詞の代わりになる。
- □ **none** ─ one の否定形で「だれも〔何も〕～ない」
- □ **another** ─ 「もう1つのもの〔人〕」「別のもの〔人〕」
- □ **one ～ the other(s) ...** ─ 「1つ〔1人〕は～，もう1つ〔1人〕は〔残り全部は〕…」

🔑 3 some, each, every, all

基本例文

① I have **some** American coins.（私はアメリカのコインをいくつか持っている）
② **Each** of them has a camera.（彼らはめいめいカメラを持っている）
③ **Every** boy knows her name.（どの少年も彼女の名前を知っている）
④ **All** are happy now.（今はみんな幸せです）

- □ **some** ─ 形容詞として〈some＋名詞〉で「いくつかの，いくらかの」で使われることが多い。否定文や疑問文では **any** を用いる。 □ **each** ─ 「めいめい(の)」**単数扱い**。
- □ **every** ─ 「どの～も」**単数扱い**。形容詞的用法しかない。 □ **all** ─ 「すべて(の)」

基礎を固める問題を解こう

解答 ➡ 別冊 p.17

1 [名詞の所有格] 日本文の意味を表すように，下線部を正しい形になおしなさい。

(1) これはボブの自転車です。
   This is Bob bike.　　　　　　　　　　　　　　＿＿＿＿＿＿

(2) 私のめいは横浜にある女子校に通っている。
   My niece goes to a girl school in Yokohama.　　＿＿＿＿＿＿

(3) 彼は私の父の古い友人です。
   He is a my father's old friend.　　　　　　　　＿＿＿＿＿＿

2 [one, another など] 日本文の意味を表すように，空所から適当な語を選びなさい。

(1) 私の友人はだれもそのことを知らなかった。
   (None / Neither) of my friends knew the fact.

(2) 彼は和英辞典をなくしてしまったから，買わなければならない。
   He has lost his Japanese-English dictionary, so he has to buy (it / one).

   it は前の名詞と同じもの，one は同種類のものをさす

(3) ここに2冊の本がある。1冊は小説で，もう1冊は漫画だ。
   Here are two books. One is a novel and (another / the other) is a comic.

(4) 紅茶をもう1杯いかがですか。
   How about (one / another) cup of tea?

3 [some, each など] 日本文の意味を表すように，空所に適当な1語を入れなさい。

(1) どの少女も出席していた。
   (　　　　) girl was present.　　girl が単数になっている

(2) 私たちはみんなサッカーが好きです。
   (　　　　) of us like soccer.

(3) その男の子のそれぞれが自分の携帯電話を持っている。
   (　　　　) of the boys has his own cellular phone.

(4) 何か質問がありますか。
   Do you have (　　　　) questions?

20 形容詞・副詞

🔑 1 形容詞の働きと用法 　　　　　　　　　　　　　　　　　　　　基本例文

> ① George bought a **new** car. （ジョージは新車を買った）
> ② This magazine was very **interesting**. （この雑誌はとてもおもしろかった）
>   S   V   C
> ③ I found this magazine very **interesting**. （私はこの雑誌がとてもおもしろいとわかった）
>   S V   O   C

☐ **限定用法** ― (代)名詞を直接修飾する。ふつうは〈形容詞＋名詞〉の語順(①)。-thing で終わる代名詞を修飾する場合は，形容詞が代名詞の後に置かれる。
　　Is there *anything* **wrong** with your car? （あなたの車はどこか故障しているのですか）

☐ **叙述用法** ― 補語として主語や目的語を修飾する。〈S＋V＋C〉の文で，C の形容詞が S の性質・状態を説明する(②)。〈S＋V＋O＋C〉の文で，C の形容詞が O の性質・状態を説明する(③)。

🔑 2 数・量を表す形容詞　　　　　　　　　　　　　　　　　　　　　　基本例文

> ① **Many** people went abroad last year. （たくさんの人が昨年外国へ行った）
> ② I've made **a few** mistakes. （私は少し間違いをした）

☐ **many と much** ― 「多くの」「たくさんの」の意味。**many** は数えられる名詞につき(①)，**much** は数えられない名詞につく。
　　There is **much** water in the river. （その川には水がたくさんある）

☐ **(a) few と (a) little** ― **a few**「(数が)少し」(②)，**a little**「(量が)少し」を表す。**a** のつかない **few, little** は「少ししかない」「ほとんどない」と，否定的な意味を表す。
　　There is **little** time left. （残された時間はほとんどない）

🔑 3 副詞の働きと位置　　　　　　　　　　　　　　　　　　　　　　　基本例文

〈動詞を修飾〉

> ① The boy walked **slowly** toward the house.
>   （その少年は家の方へゆっくりと歩いて行った）
> ② My father **usually** comes home before seven.
>   （父はたいてい7時間前に帰宅する）

☐ 副詞は，動詞(①)・形容詞・他の副詞を修飾する。動詞を修飾する場合は，ふつうは動詞の後に置くが，「頻度」「否定」を表す副詞は，一般動詞の前(②)，be 動詞・助動詞の後。

基礎を固める問題を解こう　解答 ➡ 別冊 p.17

1 [形容詞の働きと用法] 下線のある語句を修飾するためには，(　)内の語句は文中のどこに置けばよいか，その位置に∧を入れなさい。

(1) She found a hat in the shop.　　　　　　(nice)
(2) I am thirsty. I need something to drink.　(cold)
(3) He has a study.　　　　　　　　　　　　(full of books)
(4) The Internet is very.　　　　　　　　　　(useful)
(5) Mary always keeps her room.　　　　　　(clean)

2 [数・量を表す形容詞] 日本文の意味を表すように，空所に適当な1語を入れなさい。

(1) 彼女は手に2，3個のリンゴを持っていた。
　She had a (　　　) (　　　) in her hands.
(2) 彼には友だちがほとんどいない。
　He has (　　　) friends.　「ほとんどない」a がつかない
(3) ビンの中に牛乳がたくさんある。
　There is (　　　) milk in the bottle.
(4) 私は少しだけお金を持っている。
　I have (　　　) (　　　) money with me.　お金は数えられない名詞

3 [副詞の働きと位置] 日本文の意味を表すように，(　)内の語句を並べかえなさい。

(1) 彼女はたいていバスで通学する。
　She (to / bus / school / usually / goes / by).
　She _____.
(2) 風はとても強く吹いた。
　(blew / the wind / hard / very).
　_____
(3) 彼はよく私を訪ねてくる。
　(comes / me / often / to / he / see).
　_____

20　形容詞・副詞　　63

テストによく出る問題にチャレンジ

解答 ➡ 別冊 *p.18*

1 次の文の空所に入れるのに最も適当なものを選び，番号で答えなさい。

(1) The soccer game was shown on a big screen in front of (　) audience.
　① a large　　② a lot of　　③ many　　④ much

(2) This year there were (　) snowy days in February.
　① a little　　② few　　③ little　　④ much

(3) (　) will have a lot of rain this June.
　① This　　② I　　③ We　　④ It

(4) Nowadays, (　) people go to movie theaters because they prefer to watch DVDs at home.
　① fewer　　② little　　③ lesser　　④ smaller

(5) "I bought three video games yesterday." "I envy you. Can I borrow (　)?"
　① that　　② it　　③ this　　④ one

(6) Have you read the detective story (　)?
　① so far　　② yet　　③ still　　④ once

(7) I hear you (　) haven't finished your report.
　① already　　② just　　③ still　　④ yet

(8) This is the (　) best book I've ever read.
　① far　　② most　　③ more　　④ very

(9) We expect that you will reply to this letter (　).
　① quickly　　② lately　　③ frequently　　④ recently

ヒント　(1) audience (観客) は集合名詞。集団として考える場合は単数扱い。　(5) envy「〜をうらやましく思う」
　　　　(6)「もう，すでに」の意味の副詞が入る。

2 次の文の空所に，[　]から正しい語句を選んで入れなさい。

(1) We have three dogs. One is black and (　　　) are white.

(2) Are these your books? I'd like to borrow some good (　　　) on plants.

(3) I don't like this watch. Please show me a cheaper (　　　).

(4) She has two sons; one is a teacher and (　　　) is an office worker.

　[one / ones / the other / the others]

64

3 日本文の意味を表すように，(　)内の語句を並べかえなさい。

(1) 彼女は言われたこと以外は何もしなかった。
She did (told / what / nothing / she / was / except) to do.
She did _____ to do.

(2) 私は両親を幸せにします。
(parents / happy / make / my / I'll).
_____

(3) 私は本屋で兄の友だちに会った。
I met (of / a friend / at / brother's / the bookshop / my).
I met _____.

(4) 何でも自由に取って食べてください。
Please (to / anything / yourself / help).
Please _____.

(5) 2, 3分待ってくれますか。
(can / for / a few / wait / you / me / minutes)?
_____

(6) 彼の答はいつも違っている。
(his / are / always / answers / incorrect).
_____

ヒント　(6)頻度を表す副詞は一般動詞の前，be動詞[助動詞]の後。

4 (　)内の語を用いて，次の文を英語になおしなさい。

(1) その少女は自分のケーキを食べ終えて，もう1つ頼んだ。(another)
_____

(2) あなたは何かミスをしましたか。—はい，2つ大きなミスをしました。(ones)
_____

(3) 知っていることと教えることはまったく別のことである。(one thing, another)
_____

(4) 健(Ken)とジェーン(Jane)はおたがいに助け合った。(each other)
_____

ヒント　(1)「〜を頼む」ask for〜　(2)「ミスをする」make a mistake

21 疑問詞

🔑 1 疑問代名詞

基本例文

① **Who** is that boy? ─ He is Bob. （あの少年はだれですか。─ 彼はボブです）
② **Whose** bike is this? ─ It's Ken's. （これはだれの自転車ですか。─ 健のです）
③ **What** happened then? （そのとき何が起こったのですか）

☐ 疑問代名詞 ─ **who**(だれが)(①), **whose**(だれの)(②), **who(m)**(だれを〔に〕), **which**(どちら, だれ), **what**(何)(③) 文頭に疑問詞が来て，その後はふつうの疑問文と同じになる。
　注意 疑問詞が主語になる疑問文は，〈疑問詞＋動詞〜?〉の語順になる。
　　　Who bought this flower? ─ Nancy did.
　　　（だれがこの花を買ったのですか。─ ナンシーが買いました）

🔑 2 疑問副詞

基本例文

① **When** will the party begin? ─ It will begin at six.
　　（パーティーはいつ始まりますか。─ 6時に始まるでしょう）
② **Where** did you find the painting? ─ I found it at my uncle's.
　　（どこでその絵を見つけたのですか。─ おじの家で見つけました）
③ **How long** does it take to go there? （そこへ行くのにどれくらいかかりますか）

☐ 疑問副詞 ─ **when**(いつ)〔時〕(①), **where**(どこで)〔場所〕(②), **why**(なぜ)〔理由〕, **how**(どのように)〔方法〕
☐ **how** を含む慣用表現 ─〈How＋形容詞〔副詞〕〜?〉で程度や数値(③)をたずねる。

🔑 3 間接疑問

基本例文

① I don't know **who he is**. （私は彼がだれなのか知らない）
　　　　　　　　S＋V
② Let me know **if she will come**. （彼女が来るかどうか知らせてください）
　　　　　　　　　　S＋V

☐ 疑問文が文中で節となって他の文の一部となるものを間接疑問という。節の中は〈疑問詞〔または if, whether〕＋主語＋動詞〉の語順になる。
☐ 疑問詞のある文 ─〈疑問詞＋主語＋動詞〉の語順。
☐ 疑問詞のない文 ─ **if [whether]** を補う。〈if [whether]＋主語＋動詞〉の語順。

基礎を固める問題を解こう

解答 ➡ 別冊 p.19

1 [疑問代名詞] 次の文の空所に，最も適当な疑問代名詞を入れなさい。

(1) (　　　) books are these? ― They are mine.
(2) (　　　) of these two books did you read? ― I read neither of them.
(3) (　　　) is that boy standing still there? ― He is Ken.
(4) (　　　) does your father do? ― He is an office worker.
(5) (　　　) day of the week is it today? ― It's Thursday.

2 [疑問副詞] 下線部が答えの中心となるような疑問文を書きなさい。

(1) I come from <u>Australia</u>.

(2) It takes <u>about twenty minutes</u> to go from here to the station.

(3) She was absent from school last week <u>because of a bad cold</u>.

because of ～「～のために」。理由をたずねる文にする

(4) I met him at the library <u>yesterday</u>.

(5) He came here <u>by bike</u>.

by ～「～で」。方法をたずねる文にする

3 [間接疑問] 次の２文をつないで，１つの文にしなさい。

(1) I don't know. + Why was Mr. Kimura late for school today?

(2) Please tell me. + When will you arrive here?

(3) I wonder? + How many students are there in our school?

(4) Let's ask him. + Will he attend the junior high school reunion?

疑問文に疑問詞がない形。reunion「同窓会」

22 関係詞(1)

🔑 1 関係代名詞 who, which, that　**基本例文**

① I know the girl **who** speaks Italian well.
（私はイタリア語を上手に話す女の子を知っている）
② The lady (**whom**) I would like to introduce to you is another person.
（私があなたに紹介したい女性は別の人だ）
③ This is the camera (**which**) my father bought yesterday.
（これは父が昨日買ったカメラだ）
④ This is the longest bridge (**that**) I have ever seen.
（これは私が今まで見た中で最も長い橋だ）

- □ 関係代名詞 — 文と文をつなぐ接続詞と，直前の名詞〔先行詞〕を受ける代名詞が１つになったもの。
- □ 使い分け — 先行詞が〈人〉の場合は **who**（①②），〈人以外〉の場合は **which**（③）を用いる。**that** はいずれにも用いられるが，先行詞に意味の強い修飾語がついている場合によく使う（④）。
- □ who, which は関係詞節中での働きにより格変化がある。
    who(主格) — **whose**(所有格) — **who(m)**(目的格) ← 目的格の関係代名詞は
    which(主格) — **whose**(所有格) — **which**(目的格) ← 省略されることが多い(②③④)。

🔑 2 関係代名詞 what　**基本例文**

I cannot understand **what** you say.（私はあなたの言うことが理解できない）

- □ **what** — 先行詞を含んだ関係代名詞［= the thing(s) which］で「〜すること」「〜するもの」の意味になる。what で始まる関係詞節は文中で主語・目的語（①）・補語になる。

🔑 3 関係副詞　**基本例文**

① This is the town **where** I was born.（ここが私が生まれた町だ）
② Tell me the reason **why** you didn't come.（あなたが来なかった理由を言いなさい）

- □ 関係副詞 — 接続詞と副詞の働きを兼ね備えたもの。先行詞により使用する関係副詞が異なる。
    「時間」— **when**　「場所」— **where**（①）　「理由」(reason) — **why**（②）
    「方法」(way) — **how** … 先行詞は the way だが，the way か how の一方を省略する。

基礎を固める問題を解こう

解答 ➡ 別冊 p.20

1 [関係代名詞 who, which, that] 空所に適当な関係代名詞を入れなさい。

(1) I thanked the man (　　　　) helped me.

(2) Have you found the keys (　　　　) you lost yesterday?

(3) Do you know the boy (　　　　) bicycle was stolen yesterday?

(4) This is all the money (　　　　) I have.　　先行詞に all がついている点に注意

2 [関係代名詞 who, which, that] 関係代名詞を用いて2文を1文にしなさい。

(1) The CD wasn't at the shop. I wanted to buy it.
　The CD _____.

(2) A man came to my house. I didn't know his name.
　A man _____.

(3) Are these the keys? You are looking for them.
　Are these _____?

3 [関係代名詞 what] 日本文の意味を表すように, (　) 内の語句を並べかえなさい。

(1) あなたにとって大切なことは私にも大切です。
　(to / is / is / you / what / important) also important to me.
　_____ also important to me.

(2) 私たちの町は10年前とは違う。
　Our town is different (it / was / from / ten / ago / what / years).
　Our town is different _____.

4 [関係副詞] 関係副詞を用いて2文を1文にしなさい。

(1) Recently I visited the city. I lived in the city when I was in university.
　Recently _____.

(2) Do you remember the day? We first met on the day.
　Do you remember _____?

(3) I want to know the reason. He didn't agree to my proposal.
　I want to know _____.

23 関係詞（2）

🔑 1 関係詞の非制限用法

> 基本例文
>
> ① I will employ Mike**, who** can speak French and Spanish.
> 　（私はマイクを雇うつもりだ。フランス語とスペイン語が話せるからだ）
> ② She said nothing**, which** made her father angry.
> 　（彼女は何も言わなかった。それで彼女の父は腹を立てた）
> ③ We left our office at five**, when** it began to snow.
> 　（私たちは5時に会社を出た。その時雪が降り始めた）

☐ **関係代名詞の非制限用法** — who, which の前にコンマを置き，**先行詞に補足説明を加える**。〈接続詞＋代名詞〉に書きかえられるものが多い。非制限用法の関係代名詞は，**目的格でも省略できない**。
　①´→ I will employ Mike, **because he** can speak French and Spanish.
　非制限用法の which には，**前の文の全部または一部を先行詞とする**用法がある（②）。

☐ **関係副詞の非制限用法** — 〈接続詞＋副詞〉に書きかえられることが多い。 **, where** ~（＝and, but など＋there）「そしてそこで~」， **, when** ~（＝and, but など＋then）「そしてその時~」（③）

🔑 2 複合関係詞

> 基本例文
>
> ① We will welcome **whoever** wants to come.（私たちは来たい人はだれでも歓迎する）
> ② I will tell you **whatever** you want to know.（あなたが知りたいことは何でも話そう）
> ③ Please come to see me **whenever** you have free time.
> 　（あなたが暇なときはいつでも遊びに来てください）
> ④ Please give me a call **however** busy you are.（どんなに忙しくても電話をください）

☐ **複合関係代名詞** — 関係代名詞 who, which, what の語尾に ever がついた形。
　whoever「~する人はだれでも」（＝anyone who）（①）， **whichever**「~するものはどちらでも」（＝anything that）， **whatever**「~するものは何でも」（②）

☐ **複合関係副詞** — where, when, how の語尾に ever がついた形。 **wherever**「~するところはどこでも」（＝to any place where）， **whenever**「~するときはいつでも」（＝at any time when）

☐ **譲歩の意味を表す複合関係詞** — 副詞節を導いて，「~しようとも」の意味を表す。
　whoever「たとえだれが~しても」， **whichever**「たとえどちらが〔を〕~しても」， **whatever**「たとえ何が〔を〕~しても」， **wherever**「たとえどこで〔へ〕~しても」， **whenever**「たとえいつ~しても」， **however**「たとえどんなに~しても」

基礎を固める問題を解こう

解答 ➡ 別冊 *p.20*

1 [関係詞の非制限用法(1)] 次の文の空所に [ ] から適当な関係詞を選んで入れなさい。

(1) He gave me the key, (　　　) is in my pocket.
(2) His son, (　　　) is over thirty-five, is still single.
(3) We stayed at the hotel, (　　　) he recommended to me.
(4) We visited the village, (　　　) we stayed for two weeks.
(5) He made the same mistake, (　　　) disappointed his parents.
(6) Of all the seasons I like spring best, (　　　) many flowers come out.
 [who / whom / which / where / when]

2 [関係詞の非制限用法(2)] 空所に **which**, **where**, **when** のいずれかを入れ、日本語になおしなさい。

(1) They will have a Halloween party, (　　　) sounds very interesting.

(2) She visited her grandfather on Friday, (　　　) she saw fireworks.

(3) My uncle came back from London last week, (　　　) I didn't know.

3 [複合関係詞] 日本文の意味を表すように、空所に適当な1語を入れなさい。

(1) そう言う人はだれも信じられない。
　I can't believe (　　　) (　　　) so.
(2) 何でも好きなものを注文していいよ。
　You may order (　　　) (　　　) (　　　).
(3) この写真を見るといつでも中学生時代を思い出す。
　(　　　) (　　　) (　　　) this photo, I remember my junior high school days.
(4) あなたがこの町で行きたいところはどこへでも連れて行ってあげよう。
　I will take you (　　　) (　　　) (　　　) to go in this town.
(5) どんなに速く走っても、電車には間に合わないだろう。
　You will miss the train (　　　) (　　　) you run.

テストによく出る問題にチャレンジ

解答 ➡ 別冊 p.21

1 下線部に入る適当な語句を [　] から選んで答えなさい。

(1) ＿＿＿＿＿＿＿＿＿ does your father do? ― He works for a bank.
(2) ＿＿＿＿＿＿＿＿＿ going for a drive? ― Sounds good.
(3) ＿＿＿＿＿＿＿＿＿ did you come here today? ― By subway.
(4) ＿＿＿＿＿＿＿＿＿ will it take to finish this work? ― About a week.
(5) ＿＿＿＿＿＿＿＿＿ is it from here to your house? ― About a mile.

[How / What / How long / How far / How about]

ヒント (4)期間, (5)距離をたずねる文。

2 次の文の空所に適当な関係詞を [　] から選んで入れなさい。それが省略できる場合は ×と答えなさい。

(1) What's the name of the girl (　　　) passport was stolen?
(2) Is there a shop near here (　　　) I can buy postcards?
(3) The day (　　　) we started was cold and windy.
(4) The zoo (　　　) we visited yesterday had many wild animals.
(5) Tell me (　　　) you were absent from the meeting yesterday.
(6) We can trust the man, (　　　) has never broken his promise.
(7) Japan is rapidly aging, (　　　) is the problem.

[who / whose / whom / which / what / when / where / why]

ヒント (4)先行詞は The zoo(場所)だが, 文中の働きで入る関係詞を考える。 (7) aging「老化, 高齢化」

3 次の文の空所に入れるのに最も適当なものを選び, 番号で答えなさい。

(1) She lives in Boston, (　) is a twelve-hour flight from here.
　① it　　② that　　③ where　　④ which

(2) (　) I told you is very important.
　① That　　② Which　　③ Where　　④ What

(3) I was about to leave the room, (　) the phone rang.
　① when　　② which　　③ that　　④ what

(4) What's the name of the hotel (　) we stayed in Kyoto?
　① what　　② where　　③ which　　④ for which

(5) A mother (　　) children have children becomes a grandmother.
　① who　　　② whose　　　③ that　　　④ whom

(6) She likes boys (　　) she thinks have respect for their parents.
　① whoever　　② who　　　③ of whom　　④ whom

(7) I don't know the name of the man (　　) I spoke on the phone.
　① in which　　② from which　　③ by whose　　④ to whom

ヒント　(6) she think を(　)に入れて考える。

4 日本文の意味を表すように，空所に適当な1語を入れなさい。

(1) 始まりがあるものは何でも終わりがある。
　(　　　)(　　　) a beginning also has an end.

(2) 私は彼に何も言わなかったが，それで彼はさらに腹を立てた。
　I said nothing to him, (　　　)(　　　) him still more angry.

(3) 私たちがそれをしてはいけないという理由はない。
　There is no (　　　)(　　　) we shouldn't do it.

(4) 彼の息子は彼が行くところはどこでもついて行った。
　His son followed him (　　　)(　　　) went.

ヒント　(2)前の文全体が先行詞。

5 日本文の意味を表すように，(　　)内の語句を並べかえなさい。

(1) 辞書に書いてあることが常に正しいとは限らない。
　(says / is / what / not / dictionary / always / the) correct.
　_____ correct.

(2) ジェーンがその本屋で買った本はそんなに高くなかった。
　The book (at / bought / bookstore / Jane / the) was not so expensive.
　The book _____ was not so expensive.

(3) ポールは自分のリストにある人々全員に電話をかけた。
　Paul (were / all / that / people / the / phoned / on / his) list.
　Paul _____ list.

(4) 彼はどんなに食べても太らない。
　He never (much / fat / however / eats / gets / he).
　He never _____ .

24 比較 (1)

🔑 1 比較変化

	原級	比較級	最上級
規則変化	strong famous	strong**er** **more** famous	strong**est** **most** famous
不規則変化	good / well bad / ill	**better** **worse**	**best** **worst**

☐ 英語でものを比べるときには，形容詞・副詞を原級，比較級，最上級の形に変えて用いる。
☐ 比較級 — 形容詞・副詞の語尾に **-er** を加えるか，前に **more** をつける。
☐ 最上級 — 形容詞・副詞の語尾に **-est** を加えるか，前に **most** をつける。

注意 (1) **-e** で終わる語は **-r, -st** をつける。large−larger−large**st**
(2) 〈子音字+**y**〉で終わる語は **y** を **i** にして **-er, -est** をつける。happy−happ**ier**−happ**iest**
(3) 〈短母音＋1子音字〉で終わる語は，子音字を重ねて **-er, -est** をつける。
　big−big**ger**−big**gest**

☐ 不規則変化 — 上の表以外に many / much−**more**−**most**, little−**less**−**least** など。

🔑 2 原級・比較級を用いた比較

基本例文
① Ken plays the guitar **as** well **as** Tom.（健はトムと同じくらいギターをひくのが上手だ）
② Light travels **faster than** sound.（光は音よりも速く進む）

☐ 比べる2つのものの程度が同じ —〈A ... **as**＋形容詞・副詞の原級＋**as** B〉で「AはBと同じくらい～」(①)。否定形の「…ほど～でない」は **not as[so]** ～ **as** ... となる。
　Japan is **not as[so]** large **as** the United States.（日本は合衆国ほど大きくない）
☐ 2つのものを比べる —〈A ... 形容詞・副詞の比較級＋**than** B〉で「AはBよりも～」を表す(②)。比較の程度を表すときは，**much, a little** を比較級の前に置く。

🔑 3 最上級を用いた比較

基本例文
February is **the shortest of** all the months.（2月はすべての月の中で一番短い）

☐ 3つ以上のものを比べる —「一番～」は，〈**the**＋最上級＋**of[in]** ...〉で表す。
　注意「～の中で」— of は比較の対象〈**of**＋複数の名詞〉, in は比較の範囲〈**in**＋単数の名詞〉を表す。
☐ 最上級の意味を強調する語には，**by far, much** などがある。
　This movie is **much** the best.（この映画はずば抜けて一番良い）

基礎を固める問題を解こう

解答 ➡ 別冊 *p.22*

1 ［比較変化］次の語の比較級，最上級を書きなさい。

(1) tall ＿＿＿＿＿＿＿＿＿＿ ＿＿＿＿＿＿＿＿＿＿
(2) easy ＿＿＿＿＿＿＿＿＿＿ ＿＿＿＿＿＿＿＿＿＿
(3) noble ＿＿＿＿＿＿＿＿＿＿ ＿＿＿＿＿＿＿＿＿＿
(4) many ＿＿＿＿＿＿＿＿＿＿ ＿＿＿＿＿＿＿＿＿＿
(5) useful ＿＿＿＿＿＿＿＿＿＿ ＿＿＿＿＿＿＿＿＿＿
(6) early ＿＿＿＿＿＿＿＿＿＿ ＿＿＿＿＿＿＿＿＿＿
(7) hot ＿＿＿＿＿＿＿＿＿＿ ＿＿＿＿＿＿＿＿＿＿
(8) little ＿＿＿＿＿＿＿＿＿＿ ＿＿＿＿＿＿＿＿＿＿　(4), (8)不規則変化

2 ［原級・比較級を用いた比較］日本文の意味を表すように，空所に適当な1語を入れなさい。

(1) ぼくは父よりも重い〔体重がある〕。
　　I am (　　　　) than my father.
(2) あの部屋はこの部屋ほど新しくはない。
　　That room is (　　　　) as (　　　　) as this one.
(3) ジムは私の弟と同じくらい速く走れる。
　　Jim can run (　　　　) (　　　　) (　　　　) my brother.
(4) この方法はあの方法よりはるかに良い。
　　This method is (　　　　) (　　　　) than that one.
(5) カリフォルニアは日本より少しだけ大きい。
　　California is (　　　　) (　　　　) (　　　　) than Japan.

3 ［最上級を用いた比較］日本文の意味を表すように，(　　)内の語句を並べかえなさい。

(1) 8月は1年のうちで一番暑い月です。
　　August (the year / is / month / of / the hottest).
　　August ＿＿＿＿＿＿＿＿＿＿＿＿＿＿＿＿＿＿＿＿＿＿＿＿＿＿＿＿＿＿＿．
(2) 彼の演説はクラスの中でずば抜けて一番良かった。
　　His speech (was / the best / far / by / in) the class.
　　His speech ＿＿＿＿＿＿＿＿＿＿＿＿＿＿＿＿＿＿＿＿＿ the class.

25 比較(2)

🗝 1 原級を用いた重要表現　　基本例文

① He has five **times as** many books **as** Yoko.（彼は洋子の5倍の本を持っている）
② Speak **as** slowly **as** you **can**.（できるだけゆっくり話しなさい）
③ Mr. Kato is **not so much** a scholar **as** a journalist.
　　（加藤さんは学者というよりはむしろジャーナリストだ）

- ☐ 〈＿ **times as ~ as ...**〉で「…の一倍の~」の意味(①)。**倍数**を表す。「2倍」は twice。
- ☐ 〈**as ~ as+主語+can**〉「できるだけ~」 **as ~ as possible** を用いて書きかえられる。
- ☐ 〈**not so much A as B**〉「AというよりはむしろB」(≒B rather than A)

🗝 2 比較級・最上級を用いた重要表現　　基本例文

① **The higher** we climbed, **the more beautiful** the sky became.
　　（高く登れば登るほど，空がますます美しくなった）
② A whale is **no more** a fish **than** a horse is (a fish).
　　（鯨が魚でないのは，馬が魚でないのと同じことだ）
③ The Beatles are **the greatest** singers **that** Britain has **ever** had.
　　（ビートルズは英国が生んだ最高の歌手たちだ）

- ☐ 〈**the**+比較級~, **the**+比較級 ...〉「~すればするほど(ますます)…」(①)
- ☐ **no more ~ than ...**「~でないのは…でないのと同じ」(②)
- ☐ 〈**the**+最上級~+**that**+主語+**ever** ...〉「今までに…した中で一番~」(③),
　　〈**the second**〔**third**〕+最上級〉「2番目〔3番目〕に~な」
　　Yokohama is **the second largest** city in Japan.（横浜は日本で2番目に大きい都市です）

🗝 3 最上級⇔比較級⇔原級　　基本例文

① Sydney is **the largest** city in Australia. 〈最上級〉
② Sydney is **larger than any other** city in Australia. 〈比較級〉
③ **No** (**other**) city in Australia is **as** [**so**] large **as** / **larger than**
　　Sydney.（シドニーはオーストラリア最大の都市です） 〈原級／比較級〉

- ☐ 〈比較級+**than any other**+単数名詞〉(②)「他のどんな…よりも~である」
- ☐ 〈否定語+**as**[**so**]+原級+**as** .../ 比較級+**than** ...〉(③)「…ほど〔より〕~なものはない」

76　25 比較(2)

基礎を固める問題を解こう

解答⇒別冊 p.23

1 [原級を用いた重要表現] 次の2文がほぼ同じ内容を表すように，空所に適当な1語を入れなさい。

(1) She is a songwriter rather than a singer.

　　She is not (　　　) (　　　) a singer (　　　) a songwriter.

(2) Bill ran as fast as possible.

　　Bill ran (　　　) fast (　　　) he (　　　).

(3) The new park is four times the size of the old one.

　　The new park is (　　　) (　　　) (　　　) than the old one.

2 [比較級・最上級を用いた重要表現] 日本文の意味を表すように，（　）内の語句を並べかえなさい。

(1) 彼は年をとるほど，賢くなっているようだ。

　　(the / the / wiser / grows, / he / he / older) seems to be.

　　_____ seems to be.

(2) コウモリが鳥でないのは，ネズミが鳥でないのと同じだ。

　　A bat is (a rat / than / more / is / a bird / no).

　　A bat is _____ .

(3) オアフ島はハワイで3番目に大きい島である。

　　Oahu (island / is / largest / third / the / in) Hawaii.

　　Oahu _____ Hawaii.

3 [最上級⇔比較級⇔原級] 次の日本文を，（　）内の語句を用いて英語になおしなさい。

(1) 富士山は日本の他のどの山よりも高い。　　(any other)

_____

(2) 日本では富士山ほど高い山はない。　　(no / as / as)　　No other＋単数名詞～

_____

(3) 日本では富士山より高い山はない。　　(no / than)

テストによく出る問題にチャレンジ

解答 ➡ 別冊 p.23

1 次の文の空所に入れるのに最も適当なものを選び，番号で答えなさい。

(1) They say that earthquakes hit us when we (　) expect them.
① less　　　② least　　　③ last　　　④ lest

(2) This bridge is almost three (　) as long as that one.
① length　　② more　　　③ times　　④ size

(3) Yoga has become (　) popular among young women.
① best　　　② better　　　③ many　　④ more

(4) Jim swam the fastest in the first race, but he wasn't (　) Mike in the final.
① faster　　② fastest　　③ as fast as　　④ too fast for

(5) That is (　) rainbow I have ever seen.
① more beautiful　　　　② the most beautiful
③ much more beautiful　　④ less beautiful

(6) I think he is (　) the most talented baseball player today.
① by far　　② many　　　③ as far as　　④ very

(7) "It's cold, isn't it?" "Yes, but it's (　) as it was yesterday."
① not as colder　　② as cold　　③ as much cold　　④ not as cold

(8) We soon realized that the problem was (　) difficult than we had first thought.
① so　　　　② more　　　③ not　　　④ much

(9) This book is (　) that one.
① heavier twice than　　　② heavier than twice
③ as heavy as twice　　　④ twice as heavy as

ヒント　(1)「最も予期していないときに起こる」と考える。 (4) the final「決勝戦」

2 日本文の意味を表すように，空所に適当な1語を入れなさい。

(1) この庭には私たちの庭のおよそ3倍の樹木があります。
There are about (　　　) (　　　) as many trees in this garden (　　　) in ours.

(2) トムほど速く走れる少年はこのクラスにいない。
(　　　) (　　　) boy in this class runs as fast (　　　) Tom.

(3) お金をたくさん使えば使うほど，ますます貯金できなくなる。

(　　　)(　　　　) money you spend, (　　　　)(　　　　) you can save.

ヒント (2)原級で最上級の意味を表す形。(3)〈the＋比較級〜，the＋比較級 …〉

3 日本文の意味を表すように，(　　)内の語句を並べかえなさい。

(1) 佐藤氏は日本で最も偉大な物理学者の1人になりました。

Mr. Sato (physicists / the greatest / become / has / one / of) in Japan.

Mr. Sato _____ in Japan.

(2) 彼は，私がかつて持っていたよりも5倍の本を持っている。

He has (as / as / I / books / many / five times / used) to.

He has _____ to.

(3) タクミは走るのがクラスで3番目に速い。

Takumi is (third / class / the / fastest / in / runner / his).

Takumi is _____.

(4) できるだけ早く私に連絡してください。

Please (soon / possible / as / as / me / contact).

Please _____.

(5) その国の輸出品は周りの国々より急速に増加した。

The exports of that country have (faster / grown / its / of / than / those) neighbors.

The exports of that country have _____ neighbors.

(6) インターネットほどおもしろいものはない。

(is / more / the / than / Internet / there / interesting / nothing).

_____

(7) 琵琶湖は日本の他のどの湖よりも大きい。

Lake Biwa (is / in / other / than / larger / lake / any) Japan.

Lake Biwa _____ Japan.

ヒント (1)「一番〜な人の1人」〈one of the＋最上級＋複数名詞〉，physicist「物理学者」　(2)「私がかつて〜した」I used to　(5)「周りの国々より」→「周りの国々の輸出品より」，exports「輸出品」

26 前置詞

🔑 1 前置詞の働き　〈基本例文〉

① The book **on** the desk is *Treasure Island*.（机の上の本は「宝島」です）　〈形容詞句〉
② The book is **of** great interest.（その本はとてもおもしろい）　〈形容詞句〉
③ I bought it **in** London last year.（私は昨年それをロンドンで買った）　〈副詞句〉

- □ 形容詞句の働き ― (1) 名詞の後について**名詞を修飾**する（①）。(2) 〈**of**＋形容詞＋名詞〉などの形で**補語**になる（②）。②→ of great interest＝very interesting
- □ 副詞句の働き ― **動詞・形容詞・副詞を修飾**する（③）。

🔑 2 場所・方向を表す前置詞　〈基本例文〉

① I bought some CDs **at** a CD shop **in** New York.
　（ニューヨークのCD店でCDを何枚か買った）
② My father came **into** the room suddenly.（父が突然部屋の中に入って来た）
③ There's a picture **on** the wall.（壁に絵がかかっています）
④ Tim came **to** Japan last year.（ティムは昨年日本に来た）

- □ **at**（～に，～で）（①），**in**（～に，～で，～の中に〔で〕），**into**（～の中へ）（②），**out of**（～の外へ，外で），**on**（～の上に）（③），**above**（～の上方に）↔ **below**（～の下方に），**over**（～の真上に）↔ **under**（～の真下に），**up**（上へ）↔ **down**（下へ），**to**（～へ〔到着点〕）（④），**for**（～へ向かって）

🔑 3 時を表す前置詞　〈基本例文〉

① We met **on** the morning of May 5.（私たちは5月5日の朝に会った）
② I must finish the work **by** Friday.（金曜日までに仕事をすまさねばならない）
③ I'll come back **in** a week.（1週間すれば帰ってきます）
④ He has been sick **since** last Saturday.（彼は先週の土曜日からずっと病気です）
⑤ He was away from school **for** three days.（彼は3日間学校を休んだ）

- □ **on**（～に）→日や曜日，**特定の日の午前・午後**（①），**in**（～に）→日・季節・年など比較的長い期間；午前，午後，**by**（～までには）→動作・状態が**完了する期限**（②），**till[until]**（～まで）→動作・状態の**継続**，**in**（～たてば）（③），**since**（～以来）（④），**from**（～から），**for**（～の間）（⑤），**during**（～の間に）

基礎を固める問題を解こう

解答 ➡ 別冊 p.24

1 [前置詞の働き] 左の語句に続く語句をア～オから選び，記号で答えなさい。

(1) The book is　　　　　　　(　)　　ア　of genius.　　　　　　genius「天才」
(2) Everything　　　　　　　 (　)　　イ　in the morning.
(3) My uncle lives　　　　　　(　)　　ウ　in this room is my brother's.
(4) My mother gets up early　 (　)　　エ　of great use.
(5) The actor is a man　　　　(　)　　オ　in London.

2 [場所・方向を表す前置詞] 次の空所に，適当な前置詞を入れなさい。

(1) 私のいとこはカナダで生まれた。
　　My cousin was born (　　　) Canada.
(2) 机の上に帽子があります。　There is a hat (　　　) the desk.
(3) 橋が5年前にその川にかけられた。
　　The bridge was built (　　　) the river five years ago.
(4) 彼は昨日パリに向かった。　He left (　　　) Paris yesterday.
(5) ビルは部屋から出て行った。　Bill went out (　　　) the room.

3 [時を表す前置詞] 日本文の意味を表すように，(　)内の語句を並べかえなさい。

(1) 木曜日までに宿題をすまさねばならない。　「～までに」は完了する期限を表す
　　(must / by / the homework / I / finish) Thursday.
　　_____ Thursday.
(2) それは4月3日の朝に起こった。　(on / the morning / happened / of / it) April 3.
　　_____ April 3.
(3) 彼は先週の土曜日からずっと忙しい。
　　(has / busy / he / since / been) last Saturday.
　　_____ last Saturday.
(4) 父は1週間すれば帰ってきます。　(back / a week / my father / in / come / will).
　　_____.
(5) 私は夏休みの間に3回海に行きました。
　　(went / during / three times / to / I / the seaside) the summer holidays.
　　_____ the summer holidays.

27 接続詞(1)

🔑 1 接続詞の種類と働き

> 基本例文
> ① I failed, **but** I'll try again. （失敗したが，もう一度やってみます）
> ② We know **that** no one is perfect. （私たちは完璧な人間などいないことを知っている）
>   主   従

- ☐ **対等接続詞** ― 語と語，句と句，節と節を文法上，対等の関係で結ぶ接続詞（①）。
- ☐ **従属接続詞** ― 節と節を主と従の関係で結ぶ接続詞（②）。

🔑 2 対等接続詞 and, but, or

> 基本例文
> ① Tom **and** I are good friends.
>   （トムと私は良い友だちです）
> ② She stood up with a smile **but** with tears in her eyes.
>   （彼女はにっこりとして，だが目に涙を浮かべて立ち上がった）
> ③ **Practice** every day**, and** you'll make progress.
>   （毎日練習しなさい，そうすれば上達するでしょう）

- ☐ **and**「～と…」「～そして…」，**but**「～だが」「しかし」，**or**「～か（または）…」の意味で，**語と語**（①），**句と句**（②），**節と節**をつなぐ。
- ☐ 〈命令文+, and ...〉「～しなさい，そうすれば…」（③），〈命令文+, or ...〉「～しなさい，さもないと…」
  Practice every day**, or** you'll fail. （毎日練習しなさい，さもなければ失敗するでしょう）

🔑 3 従属接続詞 that, if, whether

> 基本例文
> ① She taught us **that** reading poetry is fun.
>   （彼女は私たちに詩を読むのは楽しいということを教えてくれた）
> ② I don't know **if**[**whether**] Ms. Green will come.
>   （私はグリーン先生が来るかどうか知らない）

- ☐ **that**―「～(する)ということ」の意味で，文中で**目的語**（①）・**補語**の働きをする。
- ☐ **if, whether**―「～かどうか」の意味を表し，ifは**動詞の目的語**（②）になる。
  whether ～(or not)は**目的語**として用いられるほか，**主語，補語**になる。

基礎を固める問題を解こう　解答⇒別冊 p.25

1 [接続詞の働きと種類] 日本語の意味を表すように，空所から適当な接続詞を選び，○で囲みなさい。

(1) She likes eating bread (and / or / but) a fried egg for breakfast.
「パンと目玉焼」
(2) Would you like some tea (that / and / or) coffee? 「紅茶かコーヒーか」
(3) She is young, (and / or / but) she can speak good English. 「彼女は幼いが」
(4) Everyone knows (and / that / or) the earth is round. 「〜ということを」

2 [and, but, or] 日本文の意味を表すように，空所に適当な1語を入れなさい。

(1) 東京へは飛行機で行きましたか，それとも列車で行きましたか。
　 Did you go to Tokyo by plane (　　　) by train?
(2) 私には姉はいますが，兄弟はいません。
　 I have a sister, (　　　) I don't have any brothers.
(3) 母は買い物に行き，父は車を洗い始めた。
　 My mother went shopping (　　　) my father began to wash the car.
(4) 急ぎなさい，さもないと学校に遅刻しますよ。
　 Hurry up, (　　　) you'll be late for school.
(5) まっすぐ行きなさい，すると右手に駅が見えます。
　 (　　　) straight, (　　　) you'll see the station on your right.

3 [that, if, whether] 日本文の意味を表すように，(　)内の語句を並べかえなさい。

(1) ボブはその試合に勝つと思う。
　 I'm (will / sure / win / Bob / the game / that).
　 I'm _____.
(2) 彼が本当のことを言っているのかどうか疑わしい。
　 I (if / the truth / is / doubt / telling / he).
　 I _____.
(3) 健がパーティーに来るかどうかは明らかではない。　「〜するかどうか」whether 〜 or not
　 (will / the party / to / whether / Ken / come / or not) is not clear.
　 _____ is not clear.

28 接続詞（2）

🔑 1 時を表す副詞節

基本例文

① You must not watch TV **while** you are eating. （食事中にテレビを見てはいけません）
② **As soon as** he sat down, he picked up the telephone.
　　（彼は座るとすぐに受話器をとった）

- □ **when**「～するとき」, **while**「～する間に」, **as**「～するとき，～しながら」, **after**「～した後に」, **before**「～する前に」, **since**「～以来」, **till[until]**「～までずっと」
- □ **as soon as ～／no sooner ～ than ...／scarcely[hardly] ～ before[when] ...**
　「～するとすぐに」
　②′＝He had **no sooner** sat down **than** he picked up the telephone.
- □ **It is not until ～ that ...**「～して初めて…」, **every time ～**「～するたびに」, **by the time ～**「～するまでに」

🔑 2 理由・目的などを表す副詞節

基本例文

① I don't eat any sweets **because** I'm on a diet.
　　（ダイエット中なので私は甘いものを何も食べません）
② Bill studies hard **so that** he **can** win a scholarship.
　　（ビルは奨学金をもらうために一生けんめい勉強している）
③ He was **so** tired **that** he went to bed soon. （彼はとても疲れていたので，すぐに寝た）

- □ **原因・理由**を表す副詞節（①） — **because**, **since**, **as**「～だから」
- □ **目的**を表す副詞節（②） — **so that ～ may[can/will] ...／in order that ～ may ...**「～が…するために」, **in case ～ (should) ...**「～が…しないように，…に備えて」
- □ **結果**を表す副詞節（③） — **so ～ that .../such+(a)+形容詞+名詞**「とても～なので…」, **..., so that ～**「…それで～」などがある。

🔑 3 条件・譲歩を表す副詞節

基本例文

① **If** it snows tomorrow, I will go skiing. （明日雪が降れば，スキーに行きます）
② **Though** I don't like the medicine, I must take it.
　　（その薬はきらいだけれど，飲まなければならない）

- □ **条件**を表す副詞節 — **if**「もし～ならば」, **unless**「～しない限り」（＝if ... not）
- □ **譲歩**を表す副詞節 — **though[although]**「～だけれども」, **even if**「たとえ～しても」

基礎を固める問題を解こう　解答 ➡ 別冊 p.25

1 [時を表す副詞節] 次の文の空所から，適当なものを選び，○で囲みなさい。

(1) I fell asleep (while / since) I was studying for the exams.
(2) Turn off the light (before / until) you leave.
(3) Wait here (until / as) he comes back.
(4) It will not be long (after / before) she gets well again.
(5) (By / Every) time I see this picture, I remember my trip.
(6) We do not necessarily grow wiser (as / since) we grow older.
(7) I had no (soon / sooner) entered the room than the bell rang.

2 [理由・目的を表す副詞節] 日本文の意味を表すように，空所に適当な1語を入れなさい。

(1) 彼は病気だったので，働きに行かなかった。
　　(　　　　) he was sick, he didn't go to work.
(2) とても風が強かったので，家にいなければならなかった。
　　It was quite windy, (　　　　) (　　　　) I had to stay home.
(3) その川はとても汚染されていたので，ひどいにおいがしました。
　　The river was (　　　　) polluted (　　　　) it smelled bad.
(4) 明日の朝早く起きられるように，もう寝なさい。
　　Go to bed now (　　　　) (　　　　) you can get up early tomorrow morning.
(5) 雨が降るといけないので，傘を持って行きなさい。
　　Take your umbrella (　　　　) (　　　　) it should rain.

3 [条件・譲歩を表す副詞節] 日本文の意味を表すように，(　　)内の語句を並べかえなさい。

(1) 今コーヒーを飲まないと冷たくなるよ。　　「もし飲まなければ」と考える
　　Your coffee (you / cold / will / it / get / unless / drink) now.
　　Your coffee _____ now.
(2) 雨が降っていたけれども，私は散歩に出かけた。
　　I went out (raining / a walk / was / for / it / though).
　　I went out _____.

28 接続詞(2)　85

29 時制の一致；話法

🔑 1 時制の一致と例外　　　基本例文

① She **says** that she **is** fine. （彼女は元気だと言っている）
　→ She **said** that she **was** fine. （彼女は元気だと言った）
② We **learned** that the earth **goes** around the sun.
　　（私たちは地球が太陽の周りを回っていると学んだ）
③ She **said** that she **goes** jogging every morning.
　　（彼女は毎朝ジョギングに出かけると言った）

☐ 主節の動詞が過去形に変わると（① say → said），従属節の動詞もそれに合わせて過去形に変わる（is → was）ことを，**時制の一致**という。

主節の時制	従属節の時制		
現在形 ⇩ 過去形	現在形 ⇩ 過去形	**will** ⇩ **would**	過去形・現在完了形 ⇩ 過去完了形

☐ **時制の一致の例外** — 従属節の内容が一般的真理（②），現在の事実・習慣（③），歴史上の事実の場合は，時制の一致の法則が適用されない。

🔑 2 平叙文・疑問文の伝達　　　基本例文

① She said, "**I am** happy to see **you here**." （彼女はそこで私に会えてうれしいと言った）
　→ She said **that she was** happy to see **me there**.
② I **said to** Lucy, "**Are you** a student?" （私はルーシーに学生ですかとたずねた）
　→ I **asked** Lucy **if she was** a student.

☐ **直接話法と間接話法** — 直接話法…" "（引用符）を使って人の発話をそのまま伝える。
　間接話法…引用符を使わずに，人の発話内容を自分〔話者〕の言葉になおして伝える。
☐ **平叙文の伝達** — (1) say to ~ → tell ~　(2) 被伝達文は，コンマと引用符をとり，接続詞の**that で始まる名詞節**に変える（①）。(3) 被伝達文中の人称代名詞を，話し手〔自分〕の立場から見たものに変える。this / these は that / those，時・場所を表す副詞（句）は，here → there，today → that day，now → then，yesterday → the day before [the previous day] のように変える。
☐ **疑問文の伝達** — (1) say to ~ → ask ~　(2) 接続詞がある場合はそのまま置く。接続詞がない場合は，**if [whether]**（~かどうか）を用いる（②）。(3) 疑問符はピリオドにする。**if [whether]** 節中は平叙文と同じ ⟨S + V⟩ の語順。

基礎を固める問題を解こう

解答 ➡ 別冊 p.25

1 ［時制の一致と例外］下線部を過去形にして，全文を書きかえなさい。

(1) I believe that she is honest.

(2) I expect that the Internet will make the world much smaller.

(3) We learn that World War Ⅱ ended in 1945.　　World War Ⅱ「第二次世界大戦」

(4) We learn that the sun rises in the east and sets in the west.
　　　　　　　　　　　　　　　　　　　　　　　rise「登る」 set「沈む」

(5) She says that she is going shopping with her mother.

2 ［平叙文・疑問文の伝達］次の文を，話法を変えて書きかえたとき，空所に適当な1語を入れなさい。

(1) He said to me, "I want to see you tomorrow."
　　He (　　　) me that (　　　) (　　　) (　　　) (　　　) me the (　　　) (　　　).

(2) She said to me, "Did you finish your homework?"
　　She (　　　) me (　　　) I (　　　) (　　　) my homework.

(3) A stranger said to me, "Have you seen me before?"　　a stranger「見知らぬ人」
　　A stranger (　　　) me (　　　) I (　　　) (　　　) him before.

(4) The doctor said to me, "How often a day do you take medicine?"
　　The doctor (　　　) me (　　　) (　　　) a day (　　　) (　　　) medicine.

(5) I asked my mother if she was quite well.　　間接話法→直接話法
　　I (　　　) (　　　) my mother, "(　　　) (　　　) quite well?"

テストによく出る問題にチャレンジ

解答 ➡ 別冊 *p.26*

1 次の文の空所に入る最も適当なものを選び，番号で答えなさい。

(1) Her performance was good enough (　) a beginner.
　① at　　② from　　③ for　　④ with

(2) "Hurry up or we'll be late!"
　"Don't worry. I'll be ready (　) two minutes."
　① after　　② by　　③ for　　④ in

(3) This is the house he lived in (　) his youth.
　① for　　② in　　③ to　　④ without

(4) I haven't eaten anything (　) yesterday.
　① from　　② under　　③ out of　　④ since

(5) We'll stay home (　) it rains.
　① when　　② before　　③ after　　④ if

(6) I can't help you (　) you tell me the truth.
　① if　　② that　　③ unless　　④ when

(7) (　) you are tired, you should not stop walking.
　① Because　　② When　　③ Even if　　④ After

(8) I will throw away these clothes (　) you want to keep them.
　① if　　② when　　③ though　　④ because

(9) Write your name on your bag (　) you lose it.
　① although　　② in case　　③ after　　④ whenever

ヒント (1) performance「演技」，beginner「初心者」 (3)「彼の若いときに」，(6)「もし～しなければ」，(7)「たとえ～ても」の文脈を考える。

2 日本文の意味を表すように，空所に適当な1語を入れなさい。

(1) 私は若い頃，友だちと毎日サッカーをしたものだった。
　I (　　　) to play soccer with my friends (　　　) I was young.

(2) 外出中に，あなたに電話が何回もかかってきましたよ。
　There were many calls for you (　　　) you were (　　　).

(3) もしあなたが私に連絡をとる必要があるのなら，これが私の電話番号です。
　Here is my phone number (　　　) you need to get in touch with me.

ヒント (2)「外出して」out (3) get in touch with ～「～に連絡する」

3 次の２文がほぼ同じ意味になるように，空所に適当な１語を入れなさい。

(1) I said to him, "You should get up early."
　　I (　　　　) him that (　　　　) should get up early.

(2) Ann said to me, "Where have you parked your bike?"
　　Ann (　　　　) me (　　　　) I (　　　　) (　　　　) my bike.

(3) Kate said, "My father is in India on business now."
　　Kate said that (　　　　) father (　　　　) in India on business (　　　　).

(4) The teacher said to me, "Why were you late for school yesterday?"
　　The teacher (　　　　) me (　　　　) (　　　　) had been late for school the day (　　　　).

ヒント (3) now → then. (4) yesterday → the day before と考える。

4 日本文の意味を表すように，(　　)内の語句を並べかえなさい。

(1) まっすぐ行きなさい。そうすれば右側にスーパーマーケットがあります。
　　(the supermarket / your right / go straight, / on / find / and / you will).

_____

(2) 彼は私に明日は暇かどうかたずねた。
　　He asked me (the / whether / be / next / would / I / day / free).
　　He asked me _____.

(3) 支配人は私に，ホテルは満室ですと言った。
　　(the hotel / me / told / the manager / that / full / was).

_____

(4) ここで左に曲がるのか，それとも次の角で曲がるのか覚えていますか。
　　Can you (or / here / left / remember / turn / we / whether) at the next corner?
　　Can you _____ at the next corner?

(5) 問題は，勉強する時間があまりないということだ。
　　(much / that / don't / the problem / we / have / is) time for studying.
　　_____ time for studying.

ヒント (2)「明日」the next day

30 仮定法 (1)

🔑 1 仮定法と直説法

基本例文

① I **wish** I **got** an e-mail from her. 〔仮定法〕
（彼女から電子メールがもらえるとよいのだが）
→ 実際にはもらっていない。もらえる可能性もない場合。

② I hope I **get**[**will get**] more e-mails from her. 〔直説法〕
（彼女からもっと電子メールがもらえるとよいと思う）
→ もらえる可能性がある場合。

☐ **仮定法と直説法** ― 仮定法…事実に反することを述べる表現(①)。直説法…仮定法と違って，事実を事実のままに述べる方法。実現の可能性のあることを述べる表現法(②)。

🔑 2 仮定法過去

基本例文

① I **wish** he **could drive** a car. （彼が車の運転ができればなあ）
② **It is time** you **left** home. （もう君は家を出る時間です）
③ **If** I **were** rich, I **would travel** around the world.
（もしお金持ちなら，世界一周旅行をするのだが）
④ I **could write** to her **if** I **knew** her address.
（もし彼女の住所を知っていたら，私は彼女に手紙を書くのだが）

☐ 〈**I wish**＋**S**＋動詞の過去形〉― 現在の事実に反する願望「～であればよいのになあ」と述べる表現で，「実際に～でなくて残念だ」の気持ちを表す(①)。
　①′→ I am sorry he *cannot drive* a car. （彼が車の運転ができなくて残念だ）
　注意〈**If only**＋**S**＋動詞の過去形〉もほぼ同じ意味を表す。
　　If only you could come here!（あなたがここに来てさえくれたらなあ）

☐ 〈**It is (about) time**＋**S**＋動詞の過去形〉「もう～する時間だ，～していい頃だ」もう当然～しているときなのに(実際はそうしていない)という気持ちを表す(②)。

☐ 〈**If**＋**S**＋**were** / 動詞の過去形, **S**＋助動詞の過去形[**would**, **could** など]＋動詞の原形 ...〉
― 現在の事実に反する事柄「もし～なら，…だろうに」や，起こる可能性の少ないことに用いる表現(③)。主節の助動詞には would のほか，could (～できるのに), might (~かもしれない) なども用いる。また，主節と if 節の順序は逆になることもある(④)。
　④′→ I *cannot write* to her, because I *don't know* her address.
　注意 if 節中の be 動詞は，人称にかかわらず were を使うのが原則だが，口語では I, he, she, it が主語の場合は was もよく使われる。

基礎を固める問題を解こう

解答 ➡ 別冊 p.27

1 [仮定法と直説法] 次の文が直説法なら1，仮定法なら2を空所に入れなさい。

(1) I wish I could play the piano. (　)
(2) If it rains tomorrow, I will stay here. (　)
(3) If I were free today, I would go to the movies. (　)
(4) I would buy a jacket, if I had enough money. (　)
(5) I am afraid she will not find the book. (　)

2 [仮定法過去] 日本文の意味を表すように，空所に適当な1語を入れなさい。

(1) フランス語が上手にしゃべれるならなあ。
　I wish I (　　　) (　　　) French well.
(2) 学校に行く時間ですよ。 It is time you (　　　) to school.
(3) もし十分な時間があれば，私はオーストラリアに行くのですが。
　If I had enough time, I (　　　) (　　　) to Australia.
(4) もし健康なら，私は北海道にスキーに行くのですが。
　If I (　　　) healthy, I would go skiing in Hokkaido.
(5) もし彼女がここに来たら，私はいくつか質問するのだが。
　If she came here, I (　　　) (　　　) some questions.

3 [直説法↔仮定法] 上の文を仮定法に書きかえたとき，空所に適当な1語を入れなさい。

(1) I am sorry he cannot speak English.
　→ I wish he (　　　) (　　　) English.
(2) I cannot buy a new car, because I don't have enough money.
　→ I (　　　) (　　　) a new car if I had enough money.
(3) As I am not taller, I can't be a fashion model.
　→ If I were taller, I (　　　) (　　　) a fashion model.
(4) It is time for you to cut your hair.
　→ It is time you (　　　) your hair.
(5) I cannot call her because I don't know her telephone number.
　→ I (　　　) (　　　) her, if I (　　　) her telephone number.

31 仮定法（2）

🗝 1 仮定法過去完了

基本例文

① I **wish** I **had taken** your advice. （私はあなたの忠告に従っておけばよかったのに）
② **If** you **had worked** harder, you **would have passed** the exam.
（もっとしっかり勉強していたら，君は試験に合格していただろうに）

- ☐ 〈**I wish**＋S＋**had**＋過去分詞〉— 過去の事実に反する願望「～であればよかったのに」と述べる表現。「実際には～でなかったのが残念だ」という気持ちを表す（①）。
  ①′ → I am sorry I *did not take* your advice.
- ☐ 〈**If**＋S＋**had**＋過去分詞, S＋**would**[**could, might**] **have**＋過去分詞〉— 過去の事実と反対の仮定を述べる（②）。「もし～だったら，…した〔できた〕だろうに」の意味になる。
  ②′ → As you *didn't work* harder, you *didn't pass* the exam.
  注意 「もし～だったら，（今）…だろう」という意味を表すとき，**if**節を仮定法過去完了に，主節を仮定法過去の形にする。

🗝 2 should, were to を用いる表現（未来の仮定）

基本例文

① **If** you **should have** any trouble, I **would help** you right away.
（万一あなたが困るようなことがあれば，私がすぐに助けてあげますよ）
② **If** they **were to offer** him the job, he **would** probably **take** it.
（もし彼らが彼に仕事を提供すると，おそらく彼はそれを受けるだろう）

- ☐ 〈**If**＋S＋**should**＋動詞の原形，S＋**would**など＋動詞の原形〉「万一～なら」（①）
- ☐ 〈**If**＋S＋**were to**＋動詞の原形，S＋**would**など＋動詞の原形〉「仮に～なら」（②）

🗝 3 仮定法を含む慣用表現

基本例文

① **If it were not for** the sun, nothing could live.
（もし太陽がなければ，何も生きられないだろう）
② He **talks as if** he **knew** everything about the affair.
（彼はまるでその事件について何でも知っているかのように話す）

- ☐ 〈**If it were not**[**had not been**] **for** ～〉「もし～がなければ〔～がなかったならば〕」
- ☐ 〈**as if**[**though**]＋S＋動詞の過去形〔**had**＋過去分詞〕〉「まるで～のように〔～だったかのように〕」

基礎を固める問題を解こう　解答 ➡ 別冊 p.27

1 [仮定法過去完了] 上の文を仮定法に書きかえたとき，空所に適当な1語を入れなさい。

(1) I am sorry you said that.
　→ I wish you (　　　　) (　　　　) that.

(2) I am sorry you did not see my boss.
　→ I wish you (　　　　) (　　　　) my boss.

(3) I could not buy a house because I didn't have enough money.
　→ I (　　　　) (　　　　) (　　　　) a house if I had had enough money.

2 [should, were to を用いる表現] 日本文の意味を表すように，空所に適当な1語を入れなさい。

(1) もし私たちが彼に仕事を提供すると，おそらく彼はそれを受けないだろう。
　If we (　　　　) (　　　　) offer him the job, he would probably not take it.

(2) 仮に人生をやり直すとしたら，私は先生になりたい。
　If I (　　　　) (　　　　) have my life again, I (　　　　) like to be a teacher.

(3) 万一雨が降れば，私は家にいます。
　If it (　　　　) (　　　　), I will stay home.

3 [仮定法を含む慣用表現] 日本文の意味を表すように，(　　)内の語句を並べかえなさい。

(1) もしあなたの助けがなければ，私の仕事は終わらないだろう。
　(for / it / your help / not / if / were), I would not finish my work.
　_____, I would not finish my work.

(2) もし彼の助言がなかったなら，彼女は失敗していたでしょう。
　(had / for / if / his advice / been / it / not), she would have failed.
　_____, she would have failed.

(3) ビルはまるで隣人について何でも知っているかのように話す。
　Bill (if / knew / talks / everything / he / as) about his neighbor.
　Bill _____ about his neighbor.

(4) 彼はまるで何年も住んでいたかのようにパリについて話す。
　He talks about Paris (as / had / he / there / if / lived) for a long time.
　He talks about Paris _____ for a long time.

テストによく出る問題にチャレンジ

解答 ➡ 別冊 p.28

1 次の文の空所に入れるのに最も適当なものを選び，番号で答えなさい。

(1) "He is a good skier, isn't he?"
  "Yes, he really is. I wish I (　) like him."
  ① can ski　② could ski　③ ski　④ will ski

(2) "I like my job, but I wish I made more money."
  "Me, too. If I (　), I could buy a new car."
  ① did　② do　③ had　④ have

(3) If I (　) a computer last year, I'd still be using my old computer.
  ① hadn't bought　　　　② haven't bought
  ③ shouldn't buy　　　　④ wouldn't buy

(4) " I didn't go to class yesterday because my car broke down."
  "You (　) mine. I wasn't using it."
  ① could borrow　　　　② could have borrowed
  ③ may borrow　　　　　④ may have borrowed

(5) I (　) earlier if you had asked me to.
  ① came　② will come　③ would come　④ would have come

ヒント　(2) make money「お金を儲ける」　(4) break down「故障する」

2 日本文の意味を表すように，空所に適当な1語を入れなさい。

(1) 万一もう一度挑戦することができるなら，最善を尽くすのだが。
  (　　　　) I be able to try again, I would do my best.

(2) 10歳若ければ，空手を習うのだが。
  If I were ten years younger, I (　　　　) learn karate.

(3) 私は放課後にもっと時間があれば，アルバイトをしたいのですが。
  If I (　　　　) more time after school, I'd like to have a part-time job.

(4) その朝彼は寝過ごしたが，もしそうでなかったら，交通事故に巻き込まれていただろう。
  He overslept that morning; otherwise, he (　　　　) (　　　　)
  (　　　　) involved in the car accident.

ヒント　(3) a part-time job「アルバイト」　(4) otherwise「そうでなければ」

3 次の2文がほぼ同じ意味になるように，空所に適当な語句を選び，番号で答えなさい。

(1) It is about time for him to stop playing video games.
   It is time he (　) playing video games.
   ① stops　　② stopped　　③ have stopped　　④ will stop

(2) What a pity I didn't see her brother!
   I wish I (　) her brother.
   ① hadn't seen　　② had seen　　③ have seen　　④ saw

(3) Because she cannot speak Spanish well, I don't employ her.
   If she (　) a good speaker of Spanish, I would employ her.
   ① is　　② has been　　③ were　　④ had been

(4) As he didn't work hard, he didn't succeed in life.
   If he had worked hard, he (　) succeeded in life.
   ① has　　② had　　③ would be　　④ would have

(5) Without you, our project wouldn't have succeeded.
   If it (　) you, our project wouldn't have succeeded.
   ① were not for　　　　　② were without
   ③ had not been for　　　④ had been for

4 日本文の意味を表すように，(　)内の語句を並べかえなさい。

(1) 彼女は長い間病気であったように見えた。
   She (been / she / as / looked / had / ill / if) for a long time.
   She _____ for a long time.

(2) もしだれかが仮にあんな態度でしゃべりかけてきたら，警察を呼ぶだろう。
   (that / anyone / if / were / to / to / me / like / talk), I would call the police.
   _____, I would call the police.

(3) あなたくらい英語が流ちょうに話せたらいいのに。
   I (speak / fluently / could / wish / as / I / English) as you.
   I _____ as you.

(4) 5分早く着いていたら，汽車に間に合っていたのに。
   If I had arrived five minutes earlier, (could / the train / been / for / I / time / have / in).
   If I had arrived five minutes earlier, _____.

95

32 否定

🗝 1 さまざまな否定語　　基本例文

① **No** milk is left in the refrigerator.　（冷蔵庫に牛乳は残っていない）
② I have **nothing** to tell you.　（あなたに言うことは何もない）
③ **Few** people live to be one hundred.　（100歳まで生きる人はほとんどいない）
④ He can **hardly** speak English.　（彼は英語をほとんど話せない）

- ☐ 〈**not**[**never**]＋動詞〉— **not** が述語動詞について，「〜でない」と文全体を否定する。**never** は「けっして〜ない」の意味で，**not** より強い否定を表す。〈**no**＋名詞〉「まったく〔1つも〕〜ない」は主語や目的語につく（①）。
- ☐ **nothing**「何も〜ない」（②），**nobody**「だれも〜ない」，**none**「だれも〔どれも〕〜ない」
- ☐ 準否定語 — 〈**few**＋数えられる名詞〉〈**little**＋数えられない名詞〉「ほとんどない」**few** は数（③），**little** は量を表す。〈**hardly**[**scarcely**]＋動詞〉「ほとんど〜しない」（④），〈**seldom**＋動詞〉「めったに〜しない」

🗝 2 部分否定　　基本例文

① **Not all** the students agreed with me.　（生徒全員が私に賛成したわけではない）
② What he says is **not always** correct.　（彼が言うことがいつも正しいとは限らない）

- ☐ 部分否定 — 文の内容の一部を否定する。**not all**[**every**]〜「すべてが〜というわけではない」（①），**not both**〜「両方とも〜というわけではない」，**not always**〜「いつも〜というわけではない」（②）

🗝 3 否定を含む表現　　基本例文

① He is **the last** man to tell a lie.　（彼は決してうそをつかない人だ）
② This book is **far from** easy.　（この本は決してやさしくない）
③ You **cannot** be **too** careful when you cross the road.
　（道路を横断するときはいくら注意してもしすぎではない）

- ☐ 肯定の表現でありながら否定の意味を表す表現 — 〈**the last** 〜 **to**[**that**] ...〉「決して…しない〜」，**far from** 〜／**anything but** 〜／**by no means** 〜「けっして〜でない」
- ☐ **cannot** 〜 **too** ...「いくら…しても〜しすぎではない」，**nothing but** 〜「ただ〜だけ」，**never fail to** 〜「必ず〜する」

基礎を固める問題を解こう

解答 ➡ 別冊 p.29

1 [さまざまな否定語] 空所に入る適当な語を [ ] から選びなさい。

(1) There are (　　　) exceptions to this rule.　　　exception「例外」
(2) (　　　) of her friends came to see her.
(3) We have (　　　) knowledge about the country.
(4) (　　　) believes what he says.
(5) I can (　　　) remember what happened.
(6) He is very gentle. He (　　　) gets angry.
[nobody / none / few / little / seldom / hardly]

2 [部分否定] 日本文の意味を表すように，空所に適当な1語を入れなさい。

(1) 私は彼ら全員を知っているわけではない。
　　I (　　　) know (　　　) of them.
(2) みんなが飛行機で旅をするのが好きというわけではない。
　　(　　　) (　　　) likes to travel by plane.
(3) 私たちは週末にいつもテニスをするわけではない。
　　We (　　　) (　　　) play tennis on weekends.
(4) 私の息子が2人とも英語が好きなわけではない。
　　(　　　) (　　　) of my sons like English.

3 [否定を含む表現] 日本文の意味を表すように，(　　　)内の語句を並べかえなさい。

(1) 先週滞在したホテルはまったく満足がいかなかった。
　　The hotel (stayed / was / from / where / far / we / last week) satisfactory.
　　The hotel _____ satisfactory.
(2) 彼女はけっして約束を破らない。
　　She is (break / person / the / to / her promise / last).
　　She is _____.
(3) 彼は昼食にカレーライスばかり食べる。
　　(but / he / curry and rice / nothing / for / eats) lunch.
　　_____ lunch.

33 倒置・強調・省略・挿入・同格

🔑 1 倒置・強調　　基本例文

① **Down** came a shower. （夕立が降ってきた）
　　副詞　　　V　　S
② **Little did** I dream that he would win the match.
　　（彼が試合に勝つとはまったく予想していなかった）
③ **It was** my brother **that**[**who**] broke the window.　（窓を割ったのは私の弟だ）
④ Mary **does** know the fact.　（メアリーは本当に事実を知っている）
⑤ Why **on earth** did you say such a thing?　（いったいなぜ君はそんなことを言ったのですか）

- □ 倒置 ― 副詞や否定語を強調するために文頭に出すと，主語と動詞の語順が入れかわる。
  〈副詞(句)+V+S～〉(①)，〈否定語+do[does, did]+S+動詞の原形～〉(②)。
- □ 強調構文 ― 〈**It is ... that** ～〉(③)「～するのは…だ」強調する語句は It is と that の間。
- □ その他の強調 ― 〈**do**+動詞の原形〉「本当に～，実際に～」(④)動詞を強調するときの形。
  〈疑問詞+**on earth**[**in the world**]～?〉「いったい～」(⑤)疑問詞の強調。

🔑 2 省略・挿入・同格　　基本例文

① This hat is my wife's (*hat*).　（この帽子は妻のです）
② Will he come? ― I'm afraid (*he will*) not (*come*).
　　（彼は来るだろうか。― 来ないと思う）
③ He is, **in a word**, a dreamer.　（彼は一言で言えば夢想家だ）
④ <u>Our English teacher</u>, <u>Tom Jones</u>, comes from Scotland.
　　（英語を教えているトム・ジョーンズ先生はスコットランド出身です）

- □ 省略 ― 反復をさけるための省略，副詞節の中の〈主語+be動詞〉の省略，所有格のあとの名詞の省略(①)，否定の節の代わりをする not (②)，口語表現での慣用的な省略など。
- □ 挿入 ― 文中に語句や節を挿入して前後の語句を説明したり，意見・感想を述べること(③)。**however**「しかしながら」，**in fact**「実は」，**to tell the truth**「実を言うと」，**if any**「たとえあっても」，**as far as I know**「私の知る限りでは」，**and what was worse**「そしてさらに悪いことに」など
- □ 同格 ― 名詞(相当語句)を他の名詞(相当語句)と並べて，補足的に説明を加える(④)。他に，**A, or B**「AすなわちB」，**A of B**「BというA」という形がある。また，**that** で始まる節が名詞の後に置かれて，その名詞を説明する。
  I have received the news **that** he arrived.　（彼が着いたという知らせを受け取った）

基礎を固める問題を解こう

解答 ⇒ 別冊 p.29

1 [倒置・強調] 次の文を指示に従って書きかえなさい。

(1) A tall tree stood behind this hotel. （下線部を文頭に出して）

(2) I have never read such an exciting novel. （下線部を文頭に出して）

(3) I heard the news yesterday. （It で始めて下線部を強調する文に）

2 [強調] （　）内の語句を用いて，下線部を強調する文をつくりなさい。

(1) Dick lost the watch his father bought for him. (do)

(2) What did you say to him? (on earth)

3 [省略・挿入・同格] (1)(2)は下線部について省略されている語を補い，(3)〜(7)は日本語になおしなさい。

(1) "Will you meet him tomorrow?" "I'll be glad to."

(2) Sorry I was late.

(3) It was cold, and what was worse, it began to rain.

(4) You have, I'm afraid, made a big mistake.

(5) To tell the truth, I don't want to go to the party tonight.

(6) My brother gave up the idea of becoming a tennis player.

(7) I know the fact that there are not any shops there.

34 名詞表現・無生物主語

🔑 1 名詞表現 〔基本例文〕

① He is **a good soccer player**. （彼はサッカーが上手だ）
　（＝He plays soccer well.）
② Let's **take a rest** under that tree. （あの木の下で休もう）
　（＝Let's rest under that tree.）

□ 英語ではある事柄を，**名詞を中心とした語句**で表すことがある。
「～する人」… play soccer well（上手にサッカーをする）
　　　　　　　動詞　　　　副詞
　　　　　　＝a good soccer player（上手なサッカー選手）
　　　　　　　形容詞　　　　名詞

be an early riser（＝rise early）（早起きである），**be a good swimmer**（＝swim well）（水泳が上手である），**be a good cook**（＝cook well）（料理が上手である）

□ **have a＋名詞** ― ②の **take a rest**（休憩する）の rest は「休む」の意味の名詞である。このように，have, give, take, make などの動詞に〈**a**（＋形容詞）＋名詞〉をつけて，ある動作を表すことがある。**have a talk**（話す），**give an answer**（答える），**take a walk**（散歩する）など

[注意] その他，意味の上で節に相当する名詞句に注意。
　　　he is honest（彼は正直である）→ **his honesty**（彼の正直さ）

🔑 2 無生物主語 〔基本例文〕

① What **made** her go there alone? （なぜ彼女は1人でそこへ行ったのですか）
② The song **reminded** him of his childhood. （その歌を聞いて彼は少年時代を思い出した）

□ **無生物主語の文** ― 生物でないものを主語にし，意志があるもののように表現する文。英文の目的語を主語のように，主語〔主部〕を副詞のように訳すとよい。例えば，「～すると」（時），「～ならば」（条件），「～のために，～のおかげで」（原因・目的）など。
　①′→ Why *did she* go there alone?

□ **無生物主語にともなう動詞** ― (a) **make**（～させる）〈make＋O＋形容詞〉の形。**cause**（～させる原因となる），**allow / permit**（～を許す）
(b) **bring**（～をもたらす），**take / lead**（～へ連れて行く／来る）
(c) **prevent / keep / stop**（～するのを妨げる）〈V＋O＋from＋-ing〉の形。
(d) **leave / keep**（～の状態にしておく）〈V＋O＋形容詞など〉「…が原因で～になる」
(e) **remind**（思い出させる）〈remind＋O＋of～〉の形。**save**（～の手順を省く），**find**（～を見出す），**enable**（可能にする）

基礎を固める問題を解こう　解答 ➡ 別冊 p.30

1 [名詞表現] 次の2文がほぼ同じ意味になるように，空所に適当な1語を入れなさい。

(1) My father cooks well.

　　My father is a (　　　　) (　　　　).

(2) I'd like to rest for a while.

　　I'd like to (　　　　) (　　　　) (　　　　) for a while.

(3) We have just heard that our aunt died suddenly.

　　We have just heard of our aunt's (　　　　) (　　　　).　「突然の死」

2 [無生物主語(1)] 日本文の意味を表すように，空所から最も適当な語を選び，○で囲みなさい。

(1) コンピューターのおかげで私は短時間でそのレポートを終えることができた。

　　The computer (made / enabled / brought) me to finish the report in a short time.

(2) なぜここまではるばるやって来たのですか。　「何があなたを来させたのか」と考える

　　(Why are / Why was it that / What made) you come all the way here?

(3) 彼はあまりにも自尊心が強すぎて，私の忠告に従うことができなかった。

　　His pride did not (make / enable / allow) him to follow my advice.

(4) メールを送ったので，手紙を書く手間が省けた。

　　Sending an e-mail (gave / saved / helped) me from writing a letter.

3 [無生物主語(2)] 日本文の意味を表すように，(　　)内の語句を並べかえなさい。

(1) この薬を飲めば数分で気分が良くなるでしょう。

　　This medicine (in / will / feel / make / better / you) a few minutes.

　　This medicine _____ a few minutes.

(2) 濃い抹茶を飲んだので，一晩中眠れなかった。

　　The (awake / me / tea / kept / strong / all night / green).

　　The _____.

(3) 強風のせいで傘がさせませんでした。　「強風が私の傘をさすのを妨げた」と考える

　　(kept / the strong wind / my umbrella / opening / from / me).

　　_____

テストによく出る問題にチャレンジ

解答 ➡ 別冊 p.30

1 次の文の空所に入れるのに最も適当なものを選び、番号で答えなさい。

(1) I (　) remember meeting him, but I forgot when and where.
　① hardly　　② did not　　③ do　　④ no longer

(2) Who (　) told you such a lie?
　① almost　　② on earth　　③ at most　　④ did

(3) Would you speak up, please? Your voice is so low that I can (　) hear you.
　① strongly　　② absolutely　　③ only　　④ hardly

(4) (　) did I imagine at that time that I was to marry this young violinist.
　① Before　　② When　　③ Little　　④ Only

(5) I don't know why you don't do anything for him. What (　) helping him?
　① makes you　　② gets you　　③ keeps you　　④ keeps you from

(6) He is the (　) man to neglect his duty.
　① late　　② last　　③ latest　　④ latter

ヒント　(1) but 以下と逆の意味になるような語句を選ぶ。　(4) 空所の後が倒置になっている点に注意。

2 日本文の意味を表すように、空所に適当な1語を入れなさい。

(1) 正直なことは、私が信じるには、最良の策だ。
　Honesty, (　　　) (　　　), is the best policy.

(2) いつでも来たいときに遊びに来てください。
　Please come to see me whenever you (　　　) (　　　).

(3) できればこのズボンを試着したいのですが。
　I'd like to try on these trousers, (　　　) (　　　).

ヒント　(2) 空所以下は反復を避けるために動詞が省略されている。

3 次の2文がほぼ同じ意味を表すように、空所に適当な1語を入れなさい。

(1) Mr. Kimura speaks English fluently.
　Mr. Kimura is a (　　　) (　　　) of English.

(2) Answer me frankly.
　Give me your (　　　) (　　　).

(3) The man tried to prove that he was innocent.

　　The man tried to prove (　　　　) (　　　　).

(4) Why do you study Chinese so hard?

　　What (　　　　) (　　　　) study Chinese so hard?

ヒント　(3)空所は〈所有格＋名詞〉にする。prove「～を証明する」，innocent「無実の，潔白な」

4 日本文の意味を表すように，(　　)内の語句を並べかえなさい。

(1) ケイトの成功を聞いて友だちはとてもうれしく感じた。

　　Kate's success (her / happy / made / friends / very).

　　Kate's success ＿＿＿＿＿＿＿＿＿＿＿＿＿＿＿＿＿＿＿＿＿＿＿＿＿＿＿＿.

(2) まさか彼女が帰ってくるなんて夢にも思わなかった。

　　(that / I / little / did / dream) she would come back.

　　＿＿＿＿＿＿＿＿＿＿＿＿＿＿＿＿＿＿＿＿＿ she would come back.

(3) 一緒に行ってほしいのなら，君と一緒に行くよ。

　　I will go with you (to / if / want / you / me).

　　I will go with you ＿＿＿＿＿＿＿＿＿＿＿＿＿＿＿＿＿＿＿＿＿＿＿.

(4) 彼が先月インドから帰国したといううわさを聞いた。

　　I heard (from / that / came back / rumor / India / a / he) last month.

　　I heard ＿＿＿＿＿＿＿＿＿＿＿＿＿＿＿＿＿＿＿＿＿＿＿ last month.

(5) 今までこんな感動的な場面は見たことがない。

　　Never in my life (such / I / scene / have / impressive / seen / an).

　　Never in my life ＿＿＿＿＿＿＿＿＿＿＿＿＿＿＿＿＿＿＿＿＿＿.

ヒント　(4)「～といううわさ」a rumor that ～　(5)impressive「感動的な」

5 次の各文を日本語になおしなさい。

(1) None of the books I want is available in this store.

＿＿＿＿＿＿＿＿＿＿＿＿＿＿＿＿＿＿＿＿＿＿＿＿＿＿＿＿＿＿＿＿＿＿＿＿

(2) My grandmother rarely, if ever, gets angry.

＿＿＿＿＿＿＿＿＿＿＿＿＿＿＿＿＿＿＿＿＿＿＿＿＿＿＿＿＿＿＿＿＿＿＿＿

ヒント　(1)available「入手できる」

■〈執筆者〉池田善明　岩井靖　岡憲一　小林正和　玉村公一　西﨑善久
■〈英文校閲〉Bernard Susser
■〈デザイン・図版〉反保文江　ふるはしひろみ
■〈ＤＴＰ〉Yoshimoto

シグマベスト
これでわかる問題集 英文法基礎

編　者　文英堂編集部
発行者　益井英郎
印刷所　中村印刷株式会社
発行所　株式会社　文英堂

〒601-8121　京都市南区上鳥羽大物町28
〒162-0832　東京都新宿区岩戸町17
（代表）03-3269-4231

本書の内容を無断で複写（コピー）・複製・転載をすることは，著作者および出版社の権利の侵害となり，著作権法違反となりますので，転載等を希望される場合は前もって小社あて許諾を求めてください。

©BUN-EIDO 2012　Printed in Japan

●落丁・乱丁はおとりかえします。

Σ BEST
シグマベスト

高校 これでわかる問題集

英文法基礎

正解答集

文英堂

1 文の種類

基礎を固める問題を解こう の答
→ 本冊 p.7

1 (1) Are, am not
(2) Do, do
(3) Can, speak, can

2 (1) or (2) or
(3) aren't you (4) did they

3 (1) Take a rest
(2) How fast Jane swims!
(3) Don't be afraid of making mistakes.

全訳＆解き方

1 (1)(3) be 動詞〔助動詞〕の文では，be 動詞〔助動詞〕で聞かれたら，be 動詞〔助動詞〕で答える。

2 (2)「A と B ではどちらが好きですか」〈Which do you like better, A or B〉
(4) 付加疑問では名詞を代名詞にする。Bob and Tom＝they。

3 (3)「～を恐れる」be afraid of ～

2 動詞

基礎を固める問題を解こう の答
→ 本冊 p.9

1 (1) am (2) are (3) is

2 (1) cooks (2) teaches (3) goes
(4) studies (5) has (6) makes

3 (1) play (2) plays (3) cooks
(4) Does, play
(5) doesn't wash

4 (1) kicks a ball every morning
(2) He swims fast.
(3) Rob sang at the front of the stage.
(4) sang a beautiful song yesterday

全訳＆解き方

2 (3) go の 3 人称単数現在形は -es をつける。
(5) have の 3 人称単数現在形は has。

4 (3)の sing は自動詞，(4)の sing は他動詞。

3 文の構造

基礎を固める問題を解こう の答
→ 本冊 p.11

1 (1) lives (2) leaves
(3) is (4) looked
(5) like (6) jogs

2 (1) I gave John a CD
(2) My mother bought me a new dictionary.
(3) He showed us the way to the station.
(4) They named their child Sam.
(5) The news made her happy.

全訳＆解き方

1 (1)(2)(6)〈S＋V〉の文。(1)の in the country, (2)の at 5:30 a.m., (6)の on Saturdays は修飾語。

2 (1)～(3)〈S＋V＋O＋O〉の文。目的語は「～に」を表す人を先に，「～を」にあたる目的語は後ろに置く。
(4)(5)〈S＋V＋O＋C〉の文。

テストによく出る問題にチャレンジ の答
→ 本冊 p.12

1 (1) ① (2) ② (3) ① (4) ③
(5) ④ (6) ③ (7) ④ (8) ①

2 (1) ② (2) ① (3) ③

3 (1) This movie was interesting to me.
(2) Mr. Yamanaka teaches us English.

(3) **I bought a book yesterday.**
(4) **Her smile makes us very happy.**
(5) **What a beautiful river it is!**
(6) **How fast Kazu swims!**
(7) **Is this book yours or Aya's?**
(8) **Tom doesn't speak German.**
(9) **didn't eat breakfast this morning, did you**

全訳&解き方

1 (1)「あなたは常に足をきれいにしていなければならない」〈S+V+O+C〉
(2)「その試合は5時に始まりますね」
(3)「歌うのをやめなさいね」
命令文の付加疑問には will you[won't you] がつく。
(4)「きょうはなんて寒いのでしょう!」
(5)「その飛行機は濃い霧の中,ロサンゼルスに近づいていた」approach は他動詞なので,後ろには前置詞ではなく,目的語である名詞が来る。
(6)「朝早く始めましょうか」〈Let's ~, shall we?〉
(7)「私のEメールアドレスは jillski@data.com です。2度となくさないでね」否定の命令文は,〈Don't+動詞の原形~.〉。
(8)「あなたのお姉〔妹〕さんは放課後に図書館に行きますか」

2 (1)「あなたはこの本がとてもおもしろいことがわかるでしょう」と考える。〈S+V+O+C〉
(2) buy は前置詞 for を用いる。

3 (1)〈S+V+C〉の文。「私に」to me は文末に置く。
(2)〈S+V+O+O〉の文。
(4)〈S+V+O+C〉の文。make ~ ...「~を…にする」
(5)〈What+a+形容詞+名詞+S+V!〉
(6)〈How+形容詞+S+V!〉
(9)「食べなかったのですね」と否定の文なので,付加疑問は肯定になる。

4 現在形・過去形

基礎を固める問題を解こう の答
→本冊 p.15

1 (1) **She usually leaves for school at seven.**
(2) **The sun rises in the east.**
(3) **We brush our teeth every morning.**
(4) **A year has 12 months.**
(5) **Water boils at 100℃.**

2 (1) **I saw her at the bus stop yesterday morning.**
(2) **Last summer we had a picnic by the lake.**
(3) **She usually took a bus when she went shopping.**
(4) **We left before the day broke.**

3 (1) **starts[begins]** (2) **took**
(3) **practice** (4) **fell**

全訳&解き方

1 (1)「彼女はたいてい7時に学校へ行く」現在の習慣的動作。leave for ~「~へ行く」
(2)「太陽は東から昇る」不変の真理。
in the east「東から」
(3)「私たちは毎朝歯を磨く」現在の習慣的動作。brush one's teeth「歯を磨く」
(4)「1年は12か月からなる」一般的な事実。
(5)「水は100℃で沸騰する」不変の真理。
boil「沸騰する」

2 (1)「昨日の朝,私は彼女をバス停で見かけた」yesterday morning があるので,過去の文。
(2)「去年の夏,私たちは湖のそばでピクニックをした」last summer があるので過去の文。
have a picnic「ピクニックをする」
(3)「彼女はたいてい買い物へ行くときにバスに乗った」過去の習慣的動作を表す。
take a bus「バスに乗る」
(4)「私たちは夜明け前に出発した」
break「(夜が)明ける」

3 (1) 現在の事実。
(2) 過去の動作。take off「(飛行機が)離陸する」
(3) 現在の習慣。
(4) 過去の動作。fall asleep「眠りにつく」

5 進行形；未来を表す表現

基礎を固める問題を解こう の答
→ 本冊 p.17

1 (1) Turn down the radio. The baby is sleeping now.
(2) My sister was watching my DVD when I came home.
(3) The cat fell asleep while I was studying for the exam.
(4) She usually drinks coffee, but now she is drinking milk.
(5) The accident happened while we were driving to the airport.

2 (1) will be   (2) going to
(3) will come   (4) are, going to
(5) Shall I   (6) Will you

全訳&解き方

1 (1)「ラジオの音量を下げなさい。赤ちゃんが今眠っていますから」現在進行中の動作。
turn down「(テレビ・ラジオなどの)音量を下げる」
(2)「私が帰宅したとき，妹〔姉〕は私のDVDを見ていた」過去進行中の動作。
(3)「私が試験勉強をしている間，ネコは眠ってしまった」過去進行中の動作。
(4)「彼女はたいていコーヒーを飲むのだが，今は牛乳を飲んでいる」drink coffee は現在の習慣で，is drinking milk は現在進行形の動作。
(5)「私たちが車で空港に向かっているときに，その事故が起きた」過去進行中の動作。
drive to ～「～へ車で行く」

2 (1) 単純未来。have a slight headache「軽い頭痛がする」
(2) 近い未来を表す be going to。
catch (a) cold「風邪をひく」
(3) 現在進行形が近い未来を表すことがあるので，is coming も可。Korean「韓国の」
(4) 主語の意図・計画を表す。
graduate「卒業する」
(5)「(私が)～をしましょうか」Shall I ～?
(6) Will you ～? は勧誘を表す。

テストによく出る問題にチャレンジ の答
→ 本冊 p.18

1 (1) is reading   (2) was walking
(3) turned   (4) stands   (5) won't
(6) It's going to (7) comes

2 (1) wear, wearing   (2) goes
(3) turn, watching
(4) was raining, went
(5) finish

3 (1) ④ (2) ③ (3) ②
(4) ④ (5) ③ (6) ①

4 (1) The ice is going to crack under your feet.
(2) will call you when I arrive in
(3) fell asleep while he was doing his homework
(4) will be greatly surprised if he passes

5 (1) is always reading a newspaper[paper]
(2) The last train leaves [is leaving]

全訳&解き方

1 (1)「お父さんはどこ？」「お父さんは部屋で新聞を読んでいるわ」現在進行中の動作を表す。
(2)「私が通りを歩いていると，林先生を見かけました〔会いました〕」過去進行中の動作を表す。
(3)「地震が起こったとき，すぐに私はガス(の元栓)を切った」過去の動作を表す。
turn off ～「～を消す」，earthquake「地

(4)「私たちの学校は丘の上にある」現在の事実を表しているので現在形。「～している」の日本語から現在進行形だとすると誤り。
(5)「寝る前にコーヒーを飲んではいけません。眠れなくなりますよ」単純未来を表す。
(6)「早く家に帰ってきなさい。雨が降り出しそうだ」be going to ～ は近い未来を表す。
(7)「うちの娘は今外出中です。戻って来るまでここで待っていてください」時を表す副詞節の中では，未来のことでも現在形で表す。be out「外出中だ」

❷ (1) 最初の空所は現在の習慣で，2つ目の空所は現在進行中の動作。
contact lenses「コンタクトレンズ」
(2) 不変の真理を表す。
go around「～を回る」
(3) 2つ目の文は現在進行形を表している。
(4)「家を出たとき」は過去の1点を表し，「雨が降っていた」は過去における進行中の動作を表す。
(5) 時・条件を表す副詞節の中では未来のことでも現在形で表す。ここの when は if とほぼ同じ意味で「～したら」。

❸ (1)「静かにしてください。赤ちゃんが寝ています」現在進行中の動作を表す。
(2)「空を見上げてごらん。何か変なものが飛んでいます」
(3)「私は1日に3回歯を磨きます」現在の習慣を表す。a day「1日に」
(4)「サッカーのトーナメントは今週末に行われる予定です」近い未来を表す。
(5)「彼女が私に会いに来たとき，私たちは夕食を食べていました」過去における進行中の動作を表す。
(6)「もし明日晴れたら，私は繁華街へショッピングに出かけるつもりだ」条件を表す副詞節の中では，未来のことを現在形で表す。

❹ (1) 近い未来を表す。
(2) 時を表す副詞節中は未来のことを現在形で表す。Singapore「シンガポール」
(3) fall asleep「眠り込む」
(4) if 節中は，未来の内容でも現在形で表す

ので，pass は will pass にはしない。
greatly「大いに」はふつう良い意味の動詞の前に置く。

❺ (1) always「いつも」は，be動詞の後，一般動詞の前に置く。
(2) 近い未来を表す場合，現在形を用いることもある。

6 完了形（1）

基礎を固める問題を解こう の答

➡本冊 p.21

❶ (1) have loved　(2) has lived
(3) have not[haven't] seen
(4) Has she finished

❷ (1) has already come
(2) Have, ever seen
(3) has been, for
(4) have broken
(5) have never seen

❸ (1) has been sleeping for fifteen hours
(2) I have been to Canada twice.
(3) has gone to Paris on vacation

全訳＆解き方

❶ (1)「私は中学時代からクラシック音楽が大好きです」
(2)「ケイトは10年間日本に住んでいる」
(3)「私は最近彼を見かけません」現在完了の否定形は，〈have[has] not ＋ 過去分詞〉。
(4)「彼女はもう宿題を終えてしまいましたか」現在完了の疑問文は，〈Have[Has] ＋ 主語 ＋ 過去分詞 ～？〉

❷ (1) 現在完了の「完了」を表す。「もう」は already で表す。
(2) 現在完了の「経験」を表す。
ever「かつて，今までに」
(3) 現在完了の「継続」を表す。「～の間」は for を用いる。
(4) 現在完了の「完了・結果」を表す。

(5) 現在完了の「経験」を表す。「〜したことがない」neverを用いる。
3 (1)「〜し続けている」現在完了進行形で表す。〈have[has] been -ing〉
(2)「〜したことがある」have[has] been to 〜
(3)「〜へ行ってしまった(今はいない)」have gone to 〜

7 完了形（2）

基礎を固める問題を解こう の答
→ 本冊 p.23

1 (1) had seen[met]
  (2) had been
  (3) had never seen
  (4) had been raining

2 (1) 彼女は今晩6時までに料理を終えているだろう。
  (2) もう一度フランスを訪れれば，私はそこに5回行ったことになる。
  (3) 私の両親は明日で20年間結婚(生活を)していることになる。〔結婚20周年になる〕

3 (1) I had borrowed from her
  (2) will have been to Italy four times
  (3) had lived here before they moved to

全訳&解き方

1 (1)「カレンに何度も会っていた」のは，「カレンを知っていた」よりも前のことなので，過去完了で表す。
  (2)(4) 過去完了進行形。〈had been + -ing〉「(過去のある時点まで)〜し続けていた」

2 (1) 未来完了の「完了」を表す。
  (2) 未来完了の「経験」を表す。
  (3) 未来完了の「継続」を表す。

3 (1)「彼女からカメラを借りた」のは，カメラをなくす前だから「借りた」は過去完了形にする。

(2) 未来完了〈will have + 過去分詞〉を用いる。
(3)「ここに住んでいた」のは「東京に引っ越す前」だから，「住んでいた」の部分を過去完了形にする。

テストによく出る問題にチャレンジ の答
→ 本冊 p.24

1 (1) has been   (2) have just received
  (3) had never tried
  (4) Had you ever visited
  (5) have they known
  (6) had gone

2 (1) ③ (2) ④ (3) ④ (4) ③ (5) ③

3 (1) have known   (2) had lost
  (3) had, left   (4) had, been

4 (1) have been in the tennis club since
  (2) had already finished his homework when I called
  (3) the biggest *okonomiyaki* that I have ever eaten
  (4) as soon as you have finished the work

5 (1) had already gone
  (2) had been waiting
  (3) will have finished (writing)

全訳&解き方

1 (1)「私の祖母は病気で1か月間寝込んでいる」現在完了の「継続」を表す。
    be ill in bed「(病気で)寝込んでいる」
  (2)「私はお気に入りの歌手からたった今メールをもらった」現在完了の「完了」を表す。
  (3)「ジョンは日本に来る前に納豆を食べたことがなかった」過去完了形にする。
  (4)「あなたはイギリスに来る前にエジプトを訪れたことがありますか」
  (5)「彼らはお互いにどのくらい知り合いですか〔知り合ってどのくらいですか〕」
  (6)「鈴木先生はそのときに学校にいませんでした。先生はすでに出かけてしまっていました」鈴

木先生が出かけたのは「その時」以前なので，過去完了形にする。

2 (1)「フレッドは先週病気になって，それ以来寝込んでいる」現在完了の「継続」を表す。
(2)「私は店に戻ったが，だれかがすでにそのカメラを買っていた」「だれかがカメラを買った」のは，「私が店に戻る」前のことなので，過去完了形にする。
(3)「私は父がフランスで買ってくれたかばんをなくした」「フランスで買ってくれた」は「かばんをなくした」よりも前のこと。
(4)「あさってあなたが北海道に着く頃に，私は東京を出発しているだろう」
(5)「来年で私は東京に3年住んだことになる」

3 (3)「電車が発車した」のは，「私が駅に着く前」。
(4)「〜に行ったことがなかった」had never been to 〜 過去完了形にする。

4 (4)「〜するとすぐに」as soon as 〜

5 (2)「彼女が姿を現す」までの動作の進行を表すので，過去完了進行形の文にする。
(3) 未来完了の「完了・結果」の文にする。

⑧ 助動詞（1）

基礎を固める問題を解こう の答
→ 本冊 p.29

1 (1) イ (2) イ (3) ア (4) イ
2 (1) can (2) must (3) May
3 (1) She may be wrong.
(2) must run to the station
(3) Can the rumor be true?
(4) must be over seventy
(5) Can you call me at eight?
(6) May I ask your name?

全訳＆解き方

1 (1)「彼は英語を話すことができる」主語が3単現でも助動詞と本動詞の両方にsをつけない。
(2)「彼女は部屋に入ってはいけません」
(3)「あなたはそのコンピューターを使ってはいけ

ません」**助動詞の後は動詞の原形**が来る。
(4)「彼はバイオリンを弾いてもいいですか」助動詞を用いた疑問文は，**「助動詞＋主語＋動詞」**の語順である。

2 (1)「ボブは日本語をとても上手にしゃべることができます」**be able to＝can**
(2)「あなたは明日レポートを書かねばなりません」**have to＝must**「義務」
(3)「この本を家に持ち帰ってもよろしいですか」「〜してよろしいですか」は can, may いずれも用いる。may のほうがややていねいになる。

3 (1)「〜かもしれない」は may を用いる。
(2)「〜しなければならない」must を用いる。
(3) **強い疑い**を持った疑問文は **can** を用いる。
(4)「〜にちがいない」must
(5) **Can you〜？＝Will you〜？依頼**を表す。
(6) May I〜？「〜してもよろしいですか」**許可**を表す。

⑨ 助動詞（2）

基礎を固める問題を解こう の答
→ 本冊 p.31

1 (1) will (2) should (3) should
(4) would
2 (1) used to sit up late at night
(2) ought to understand each other
(3) used to write to his mother
(4) ought to tell him the truth
3 (1) cannot have read
(2) may have
(3) must have been
(4) should have seen
(5) may have missed

全訳＆解き方

1 (1)「手を貸してください。窓がどうしても開かないのです」will は「どうしても〜しようと

する」の意味。

(2)「老人には親切にしなければならない」**should～**は**義務**を表す。

(3)「彼女があなたに腹を立てるのは当たり前です」**should は感情や是非の判断を表す語に続く that 節の中**で用いられる。

(4)「父は若いころ毎朝散歩したものです」**would～過去の習慣を表す**

2 (1)(3) used to～ **現在と対比して，過去の習慣**を表す。

(2)(4) ought to～「～すべきである」**義務**を表す。

3 (1)「～したはずがない」**〈can't have＋過去分詞〉**

(2)(5)「～したかもしれない」**〈may have＋過去分詞〉**

(3)「～したにちがいない」**〈must have＋過去分詞〉**

(4)「～すべきだった（のに）」**〈should have＋過去分詞〉**

テストによく出る問題にチャレンジ の答
→ 本冊 p.32

1 (1) **mustn't be**　(2) **can't**
(3) **used to**　(4) **will not**
(5) **must have**

2 (1) ③　(2) ②　(3) ③　(4) ①　(5) ③

3 (1) ②　(2) ③　(3) ④　(4) ①

4 (1) **Which of you can solve this**
(2) **must have something to do with**
(3) **mind what job I should take**
(4) **may have been sent to the wrong address**
(5) **ought to have called your home before**

全訳＆解き方

1 (1)「～してはいけない」の**禁止**を表す助動詞は **mustn't** が入る。

(2) can は否定文で用いられると，「～のはず

がない」と否定的な推量の意味を表すことがある。

(3) 昔の状態を表すので used to～ にする。

(4)「どうしても～しない」と**現在の強い主張**を表しているので，will (not) がふさわしい。

(5)「～したにちがいない」は〈**must have＋過去分詞**〉。

2 (1)「あなたはこの薬を飲む必要がない」「必要がない」は **don't have to＝need not**。don't have to～ と must not は意味が異なるので注意すること。

(2)「夕方に外出してもよろしい」**be allowed to＝may**

(3)「兄〔弟〕は少年の時に泳ぐことができなかった」**be able to～＝can** なので，was able to は could で言いかえられる。

(4)「彼は若いころ川べりをよく歩きました」make it a rule to～「～するのが常である」

(5)「私たちはこの場合彼を信じるべきです」**should～＝ought to～ 義務**を表す。

3 (1)「ジョーンズ先生，先週ピアノのレッスンに来られなくて申し訳ありません」「来られなくて残念でしたね。最近ずっと大変忙しいことはわかっていますよ」
「来られなかった」＝couldn't come

(2)「あなたが今聞いている歌は何ですか」「知らないの？ ビートルズの『イエスタディ』だよ。前に聞いたにちがいないよ」話の内容から過去の推定を表す〈**must have＋過去分詞**〉。must've＝must have

(3)「みんな眠っているので，音を立ててはいけない」

(4)「アメリカ人の70％が天使を信じているというのは本当だろうか」**can は疑問文**で「はたして～だろうか」と**強い疑い**を表す。

4 (1)「解ける」＝can solve「可能」を表す can。「あなたがたのうちだれが」which of you

(2)「何か関係がある」have something to do with～

(3)「仕事につこうか」＝「つくべきか」should

take
(4)「誤配された」It(＝the letter)が主語なので受動態にする。

10 受動態（1）

基礎を固める問題を解こう の答
→ 本冊 p.35

1 (1) **is liked by**
(2) **wasn't invited**
(3) **Was he scolded**
(4) **was found**
(5) **was it found**

2 (1) **was given this computer by my uncle**
(2) **was given to me by my uncle**
(3) **are often made for me by my mother**
(4) **were made unhappy by the war**

3 (1) **should be kept[observed]**
(2) **must, be forgotten**
(3) **will be held**

全訳＆解き方

1 問題文の目的語を主語にして書きかえる。
(1)「スミス先生はどの生徒にも好かれている」
(2)「私は昨日パーティーに招待されなかった」否定文は be 動詞を否定する。
(3)「彼は先生にしかられましたか」
(4)「何がそこで見つかったのですか」受動態で疑問詞が主語のため、語順は〈疑問詞＋be 動詞＋過去分詞 ～?〉となる。
(5)「それはどこで見つけられましたか」疑問文の語順に注意。

2 (1)「私はこのコンピューターをおじにもらった」「～に」である me を主語にする受動態。
(2)「このコンピューターはおじから私に与えられた」「～を」である this computer を主語にする。この場合、目的語の me には前置詞がつくのが普通である。

(3)「フライドポテトがよく母によって私に作られる」(2)と同じ。make の場合、目的語につく前置詞は for。
(4)「その国の人々は戦争で不幸にされた」〈S＋V＋O＋C〉の受動態。

3 〈助動詞＋be＋過去分詞〉の形にする。
(1)「守る」は keep または observe を使う。
(2) 否定文は助動詞に not がつく。
(3)「行事を実施する、開催する」は hold を用いる。

11 受動態（2）

基礎を固める問題を解こう の答
→ 本冊 p.37

1 (1) **I was spoken to by a stranger**
(2) **The game will be put off (by them)**
(3) **My cat is taken care of by my cousin**
(4) **His opinion was paid no attention to (by them).**

2 (1) **satisfied with**
(2) **disappointed at**
(3) **caught in**   (4) **made of**
(5) **made from**

3 (1) **being followed**
(2) **been invited to**

全訳＆解き方

1 群動詞の受動態は、〈be＋過去分詞〉の後ろに前置詞をつけ忘れないこと。
(1)「私は電車で見知らぬ人に話しかけられた」
speak to ～「～に話しかける」
(2)「明日雨ならば試合は延期されるだろう」助動詞 will があるので〈will be＋過去分詞〉という形になる。put off「延期する」
(3)「私のネコは土曜日にはいとこに世話をしてもらっている」
take care of「～の世話をする」
(4)「彼の意見は注目されなかった」pay

attention to「～に注意する，注目する」
2 (1) be satisfied with ～「～に満足する」
(2) be disappointed at ～「～に失望する」
(3) be caught in a shower「にわか雨に降られる」
(4) **be made of ～**「～でできている」材質が変わらない「材料」に用いる。
(5) **be made from ～**「～で作られている」材質が変わる「原料」に用いる。

3 (1)「彼は当時警察に尾行されていた」進行形の受動態。〈be動詞＋being＋過去分詞〉のbe動詞が人称・時制により変化する。
(2)「私はまだ彼女のパーティーに招待されたことがない」完了形の受動態。

テストによく出る問題にチャレンジ の答
→ 本冊 p.38

1 (1) **Are, sold**
(2) **was covered**
(3) **By whom, broken**
(4) **was bought for**
(5) **never been, to**

2 (1) **were injured**　(2) **can be**
(3) **will be elected[chosen]**
(4) **have been sent**

3 (1) ③　(2) ②　(3) ③　(4) ④　(5) ④

4 (1) **Good manners should be taught at home.**
(2) **The castle is located at the foot of**
(3) **Your teeth may be ruined if sweets**

5 (1) **What language is spoken**
(2) **The election will be held**
(3) **respected[looked up to] by a lot of people**
(4) **cannot be put up with**

全訳＆解き方

1 (1)「はがきはあの店で売られていますか」
(2)「地面は深い雪でおおわれていた」be covered with ～「～でおおわれている」
(3)「この窓はだれに割られたのですか」「だれによって～されるのか」という疑問文は〈**By whom＋be動詞＋S＋過去分詞 ～ ?**〉または〈**Who＋be動詞＋S＋過去分詞＋by?**〉という形になる。
(4)「いい腕時計を母に彼女は買ってもらった」〈S＋V＋O＋O〉で後の目的語を主語にした受動態。buyの場合は，目的語につく前置詞はfor。
(5)「私はこれまでそんなふうに話しかけられたことがない」speak to が現在完了形で使われている文の受動態。

2 (1)「負傷する，けがをする」は be injured と受動態にする。
(2) 助動詞 can を含む受動態。
(3) 助動詞 will を含む受動態。
(4) 現在完了の受動態。〈have been＋過去分詞〉

3 (1)「彼はとても有名なのでこの町のだれにも知られている」
be known to ～「～に知られている」
(2)「この建物は200年間使われてきた」現在完了〈have been＋過去分詞〉の受動態。
(3)「紙は木から作られる」材質が変わるので **be made from** を用いる。
(4)「休暇のための素晴らしい施設が現在私たちの町に建設中だ」at the moment から進行形の受動態と判断できる。
(5)「日本は決勝でブラジルと試合していたので私はわくわくした」
be excited「わくわくする，興奮する」

4 (1) 助動詞 should を含む受動態。
(2)「～にある，位置している」は be located と受動態にする。
at the foot of ～「～のふもとに」
(3) 助動詞 may を含む受動態。ruin「だめにする，台無しにする」

5 (1) 疑問詞 what を含む what language が主語となる。
(2) 助動詞 will を含む受動態。
(3)「尊敬する」respect または look up to
(4) 助動詞 cannot を含む受動態。「我慢する」

は put up with。

12 不定詞（1）

基礎を固める問題を解こう の答
→ 本冊 p.41

1 (1) ウ　私の仕事は皿やカップを洗うことだった。
(2) ア　彼女は音楽クラブに入りたかった。
(3) イ　英語を習得することは簡単ではない。

2 (1) what to say
(2) where to have[eat]
(3) me to

3 (1) bought some magazines to read
(2) a man to help us

4 (1) エ　(2) ア　(3) イ　(4) ウ

全訳&解き方

2 (1)(2) 〈疑問詞＋to 不定詞〉の形にする。
(3) 「O に～するように頼む」 **ask＋O＋to ～**

3 いずれも不定詞の形容詞的用法。〈(代)名詞＋to 不定詞～〉の形にする。

4 不定詞はいずれも副詞的用法。
(1)「私たちはその知らせを聞いてがく然とした」原因を表す。
(2)「少年は大きくなって偉大な科学者になった」結果を表す。
(3)「私は彼女を信じるほど愚かだった」**～ enough to ...**「～するだけ十分に…」
(4)「母は食べ物と飲み物を買いに出かけた」目的を表す。

13 不定詞（2）

基礎を固める問題を解こう の答
→ 本冊 p.43

1 (1) sing　(2) to come
(3) enter　(4) to join
(5) send　(6) move　(7) to tell

2 (1) are to meet[see]
(2) are to listen
(3) seems[appears] to know
(4) happened to be

3 (1) not to see her
(2) seem to have arrived at
(3) to be invited to

全訳&解き方

1 〈S＋V＋O＋不定詞〉の構文では，V が make, let, have などの使役動詞の場合と see, hear, feel などの知覚動詞の場合は不定詞は原形不定詞となる。
(1)「先生は1人の生徒にその歌を歌わせた」
(2)「彼女に明日来るように伝えます」
(3)「あなたはその男が部屋に入るのを見たのですか」
(4)「彼らはあなたにクラブに入ってもらいたかった」〈want＋人＋to 不定詞〉で「人に～してもらいたい」。
(5)「彼は秘書にメールを送らせた〔送ってもらった〕」
(6)「彼女は，暗闇の中で何かが動くのを聞いた」
(7)「私たちはその婦人に駅へ行く道を教えてくれるように頼んだ」〈ask＋人＋to 不定詞〉で「人に～するよう頼む」。

2 (1) 〈be＋to 不定詞〉が予定を表す。
(2) 〈be＋to 不定詞〉が義務を表す。
(3) seem[appear] to ～ は「～のようだ」の意味を表す。
(4) happen to ～ は「たまたま～する」の意味を表す。

3 (1) 不定詞の否定形は **not to～**。「～しないこと」の意味を表す。
(2) 不定詞の完了形は〈**to have＋過去分詞**〉。
(3) 不定詞の受動態は〈**to be＋過去分詞**〉。

テストによく出る問題にチャレンジ の答
→ 本冊 p.44

1 (1) ③　(2) ②　(3) ②　(4) ③　(5) ①
(6) ①　(7) ①　(8) ①　(9) ②

❷ (1) **let you know when I**
(2) **easy enough for children to use**
(3) **seems to make new friends wherever**
(4) **Tom decided not to join**
(5) **to have lived in Australia before**

❸ (1) **cold to play**　(2) **kind enough to**
(3) **where to buy**　(4) **want to**

❹ (1) **he is still too young to**
(2) **happened to see[meet] your brother**
(3) **stupid[foolish] of him**

全訳＆解き方

❶ (1)「母は私に1日1個しかアイスクリームを食べさせてくれなかった」〈**let＋O＋原形不定詞**〉の構文。
(2)「少年は，そうしないようにと言われていたが，父のコンピュータのスイッチを入れた」（　）内には本来，〈not to turn on his father's computer〉が入るが，turn 以下の部分が省略されている。
(3)「医者は私にベッドで寝ているようにと言った」〈**tell＋O＋to 不定詞**〉の構文。
(4)「私が座る席はありますか」〈for ＿〉は意味上の主語をともなった不定詞である。
(5)「頼ま〔誘わ〕れていないのに，パーティーに来るなんて彼は失礼だ」**rude が人の性質や態度を表す形容詞なので of** を用いる。
(6)「彼女は私に10ドル以上は使うなと言った」〈**tell＋O＋to 不定詞**〉の形で，「～しないように」と不定詞の否定形なので，**not を不定詞の前**に置く。
(7)「彼女はその墜落事故で生き延びた唯一の人物だ」「生き延びた→人」と空所部分は前の one（人）を修飾しているので，不定詞を選ぶ。この不定詞は形容詞的用法。
(8)「私は隣人に台所の漏れ口を直してもらった」〈have＋O＋使役動詞〉の構文。
(9)「あなたはその理由がわかる年頃でしょう」**～ enough to ...** の構文。語順に注意。

❷ (1)〈let＋O＋原形不定詞〉。特に let you know「お知らせします」は慣用的によく用いられる。
(2)～ enough to ... の構文に，意味上の主語を表す〈**for＋人**〉が加わったもの。〈for＋人〉の位置に注意。
(3)〈seem＋to 不定詞〉の構文。
(4)不定詞の否定は to の直前に否定語を置く。
(5)〈**appear to have＋過去分詞**〉。不定詞の完了形は述語動詞（この場合は appears）より1つ前の時制を表す。

❸ (1)**too ～ to ...** は「あまり～なので…できない」の意味を表す。
(2)～ enough to ... の構文。
(3)〈疑問詞＋to 不定詞〉
(4)if 以下は，本来 if you want to buy it [the bag] となるが，buy 以下は省略可能。to のみの不定詞を用いた文である。

❹ (1)「まだ若すぎて投票できない」と考える。
(2)happen to ～「偶然～する」
(3)**It is ～ of ＿ to ...** は「…するとは―は～だ」「～」が人の性質や態度を表す場合は，for ではなく **of を用いる**ことに注意。

14 動名詞（1）

基礎を固める問題を解こう の答
→ 本冊 p.47

❶ (1) **Eating　too much**
(2) **taking　pictures[photos]**
(3) **talking　with**
(4) **watching　movies[films]**

❷ (1) **traveling**　(2) **to go**
(3) **watching**　(4) **coming**
(5) **to show**　(6) **to start**
(7) **visiting**

❸ (1) a. 私はその夜彼女に電話したことを覚えている。
b. 明日忘れずに彼女に電話してくださいね。
(2) a. 彼はためしにその小さな箱を開けてみ

た。
　b. 彼はその小さな箱を開けようとしたが，だめだった。

全訳&解き方

1 動詞はすべて動名詞にする。用法は以下の通り。(1) 主語　(2) 補語　(3) 他動詞の目的語　(4) 前置詞の目的語

2 他動詞には動名詞のみを目的語にするものと不定詞のみを目的語にするものがある。
(1) enjoy, (3) miss, (4) mind, (7) give up は動名詞のみを目的語にし，(2) decide, (5) promise, (6) agree は不定詞のみを目的語にする。
(1)「彼らはカナダ旅行を楽しんだ」
(2)「彼は大学へ進学することに決めた」
(3)「私はテレビでその番組を見そこなった」
(4)「明日ここへ来ていただけませんか」
(5)「彼女はその写真を見せると約束した」
(6)「私たちは翌日の朝出発することに同意した」
(7)「私は美術館を訪れるのをあきらめた」

3 他動詞には，動名詞を目的語にする場合と不定詞を目的語にする場合とでは意味が異なるものがある。
(1) **remember -ing** は「〜したことを覚えている」，**remember to 〜**「忘れずに〜する」
(2) **try -ing**「ためしに〜してみる」，**try to 〜**「〜しようとする(できたかどうかは不明)」

15 動名詞（2）

基礎を固める問題を解こう の答
→ 本冊 p.49

1 (1) a. **of being**
　　 b. **of his son['s] being**
(2) a. **sitting**
　　 b. **my[me] sitting**

2 (1) **sorry for not attending the meeting**
(2) **likes being praised**
(3) **after having been abroad**

3 (1) **On returning[coming]**
(2) **worth visiting**
(3) **no use[good] doing**
(4) **cannot help stopping**

全訳&解き方

1 (1) a. be proud of 〜「〜を誇りに思う」「〜」の部分に動詞を用いる場合には動名詞にする。b. a.に動名詞の意味上の主語を加えたもので，〈be proud of＋意味上の主語〜〉の形となり，意味上の主語は，所有格または目的格を用いる。意味上の主語が名詞の場合は目的格〔そのままの形〕で示すことが多い。
(2) a. Would you mind -ing? は「〜していただけませんか」の意味。b. a.に動名詞の意味上の主語を加えたもので，考え方は(1)のb.と同じ。「〜が〜してもかまいませんか」の意味。

2 (1) be sorry for 〜「〜で残念だ」の意味。この文で「〜」の部分は動名詞。否定語は動名詞の直前に置く。
(2) 〈**being＋過去分詞**〉は動名詞の受動態。
(3) 〈**having＋過去分詞**〉は動名詞の完了形。

3 (1) **on -ing**「〜するとすぐに」
(2) **worth -ing**「〜する価値がある」
(3) **it is no use[good] -ing**「〜してもむだである」
(4) **cannot help -ing**「〜せざるをえない」

テストによく出る問題にチャレンジ の答
→ 本冊 p.50

1 (1) ②　(2) ④　(3) ③　(4) ③　(5) ③
(6) ②　(7) ①　(8) ③　(9) ②

2 (1) **life there is no telling what will happen**
(2) **of his plan not working well**
(3) **being scolded by her parents so**

(4) **do you say to eating out**
(5) **to think sufficiently before doing**
(6) **Sleeping well makes you healthy.**

3 (1) **taking** (2) **to travel**
(3) **to send** (4) **visiting**
(5) **to attend**

4 (1) **having been**
(2) **On finishing**
(3) **goes without saying**

全訳&解き方

1 (1) 「あなたのメールにもっと早く返事を出さないですみません」for の後は動名詞がきて、否定語は動名詞の前に置く。
(2) 「彼女はだれにも見られずに部屋を出た」without の後は動名詞の受動態がくる。
(3) 「私は昨夜テレビを見て楽しんだ」enjoy は動名詞を目的語にする。
(4) 「彼に辞書を貸したことを後悔している。辞書なしでは仕事ができない」regret -ing は「〜したことを後悔する」の意味になる。
(5) 「医者は彼に数日間は休養するようにと強く言った」insist on -ing「〜することを主張する」意味上の主語 his[him] は動名詞の前に置く。
(6) 「彼女は大学を卒業した後、海外留学することを考えた」consider は動名詞を目的語とする。
(7) 「こんな天気のよい日には勉強する気にならない」feel like -ing「〜したい気がする」
(8) 「皿洗いを手伝っていただけませんか」Would you mind -ing?「〜していただけませんか」, give 〜 a hand「〜の手伝いをする」
(9) 「その詩は暗記する価値がある」be worth -ing「〜する価値がある」

2 (1) There is no -ing.「〜できない」
(2) 〈be afraid of＋意味上の主語＋not＋-ing〉の語順になることに注意。
(3) like の後には動名詞の受動態〈being＋過去分詞〉がくる。
(4) What do you say to -ing?「〜してはどうですか」
(5) 〈be sure＋to 不定詞〉「必ず〜する」before の後は動名詞がくる。
(6) 「十分な睡眠」は sleeping well で、これを主語にして、〈make＋O＋healthy〉で「O を健康にする」という文を作ればよい。

3 (1) 「私たちはそのルートを通るのを避けるべきだ」avoid は動名詞を目的語にする。
(2) 「彼女は休暇に外国旅行をすることを決めた」decide は不定詞を目的語にする。
(3) 「明日彼に必ずメールを送ってください」don't forget to 〜「必ず〜する、〜するのを忘れない」to 〜で表されるのは**未来**のこと。
(4) 「私は2010年にローマを訪れたことを決して忘れない」forget -ing「〜したことを忘れる」。-ing で表されるのは**過去**のこと。
(5) 「彼らは会議に出席すると約束した」promise は不定詞を目的語にする。

4 (1) 「彼女は怠けていたことを後悔した」
(2) 「仕事を終えるとすぐに彼は家へ急いだ」on -ing「〜するとすぐに」
(3) 「いうまでもなく、事故の責任は彼にある」needless to say, 〜＝It goes without saying 〜.「いうまでもなく」

16 分 詞 (1)

基礎を固める問題を解こう の答

→ 本冊 p.53

1 (1) **swimming** (2) **taken**
(3) **standing** (4) **broken**
(5) **made** (6) **boiling**
(7) **excited**

2 (1) **came, talking[speaking]**
(2) **kept walking**
(3) **have, repaired**

3 (1) **sat talking with**
(2) **remained closed all day**

(3) heard the alarm bell ringing
(4) I heard my name called

全訳&解き方

1 基本的に(代)名詞が「〜する，〜している」の意味を表すときには現在分詞を，「〜された，〜されている」の意味を表すときには過去分詞を用いる。
(1)「川で泳いでいる魚をご覧なさい」
(2)「彼女は旅行中に撮った写真を何枚か私に見せてくれた」
(3)「私は門のところで立っている少女に話しかけた」
(4)「彼らは壊れたドアを見て驚いた」
(5)「これらのかばんはイタリア製ですか」
(6)「気をつけなさい。湯が沸騰しているよ」
(7)「興奮した観衆は立ち上がって叫んだ」「驚く，興奮する，満足する」などの感情表現は，英語では過去分詞を用いる。

2 (1)〈S＋V＋分詞〉の構文。この文では現在分詞 talking[speaking] が必要。
(2)〈S＋V＋分詞〉の構文。「〜し続ける」は keep -ing。
(3)〈have＋O＋過去分詞〉で「O を〜してもらう」。

3 (1)〈S＋V＋現在分詞〉の構文。
(2)〈S＋V＋過去分詞〉の構文。remain 〜「ずっと〜ままである」
(3)〈S＋V＋O＋現在分詞〉の構文。
(4)〈S＋V＋O＋過去分詞〉の構文。

17 分詞（2）

基礎を固める問題を解こう の答

➡本冊 p.55

1 (1) Traveling (2) Feeling
(3) Entering

2 (1) そのバスは8時に出発し，10時にここに着く予定だ。
(2) 私を見ると，その男は逃げた。
(3) お金を十分に持っていたので，彼女はその高価なかばんを買うことに決めた。
(4) 通りを歩いていると，彼は古い教会のところへ来た。

3 (1) Not knowing his phone number
(2) Spoken in dialect
(3) Having finished dinner early

全訳&解き方

1 (1)「北海道を旅行している間に私は昔の友人に会った」分詞構文が「時」を表す。
(2)「体調がよかったので，彼女は散歩に出かけた」分詞構文が「理由」を表す。
(3)「部屋に入ったとき，彼は見知らぬ男を見た」分詞構文が「時」を表す。接続詞のある文から分詞構文をつくるには，主節と従節の主語と時制が同じであることを確認し，接続詞と主語を取り去り，動詞を現在分詞にすればよい。

3 (1) 分詞の否定形は分詞の前に **not** または **never** を置く。
(2) 分詞の受動態は〈**being**＋過去分詞〉であるが，分詞構文ではふつう **being** は省略する。
(3) 分詞の完了形は〈**having**＋過去分詞〉で表す。

テストによく出る問題にチャレンジ の答

➡本冊 p.56

1 (1) ③ (2) ③ (3) ② (4) ③ (5) ②
(6) ③ (7) ③ (8) ② (9) ② (10) ③

2 (1) The boy had his bad tooth pulled out.
(2) He left the problem unsolved.
(3) see the airplane flying high above that
(4) had my hat blown off by
(5) kept standing in front of the door for a long time

3 (1) Living (2) Having seen
(3) It being (4) Seen

4 (1) with, legs crossed

(2) **Considering, age**

全訳＆解き方

❶ (1)「カナダで話される言語は英語とフランス語だ」
(2)「この角度から見ると，人形はよりかわいい」主語が the doll であることに注意。空所には過去分詞が入る。
(3)「他の企業と比べて，私たちの企業は立地条件がよい」主語が ours (= our firm) であることに注意。
compared with ～「～と比べる」
(4)「ほら，聞いて。だれかが助けを求めているのが聞こえるでしょう」〈hear＋O＋-ing〉「Oが～しているのを聞く」
(5)「だれも彼が店へ入っていくのを見なかった」〈S＋V＋O＋C〉の文でCには「入っていくところ」を意味する going が入る。
(6)「少年は手を振りながらやって来た」〈S＋V＋C〉の構文で，Cには現在分詞がくる。
(7)「彼はあのコンビニの前で自転車を盗まれた」〈have＋O＋過去分詞〉「Oを～される」
(8)「休暇の終わりにはいつも気分が重くなる」feel depressed「気分が重い」
(9)「彼らは私を1時間以上待たせた」〈keep＋O＋waiting〉「Oを待たせる」
(10)「日なたでのんびり寝ているネコは私たちの年老いたネコだ」

❷ (1)〈have＋O＋過去分詞〉「Oを～してもらう」
(2)〈leave＋O＋過去分詞〉「Oを～された状態のままにしておく」
(3) flying high above the mountain は airplane の後に置く。
(4)〈have＋O＋過去分詞〉「Oを～される」で，この場合は被害を表す。
(5)〈keep -ing〉「～し続ける」

❸ (1)「公園の近くに住んでいるので，私はよくそこで散歩する」
(2)「(以前に)数回会ったことがあるので，すぐに彼だとわかった」不定詞の完了形(〈having＋過去分詞〉)を用いる。
(3)「雨が降っていたので，少年たちは屋内にいた」副詞節の主語(It)と主節の主語(the boys)が異なるので，前半は主語の It を残す必要がある。
(4)「ここから見ると，その岩はライオンのように見える」主節の主語は it (= the rock) なので，過去分詞で始まる分詞構文になる。

❹ (1)〈with＋O＋分詞〉構文。この場合は過去分詞が必要。
(2) considering ～「～を考えると」は慣用的な独立分詞構文。

18　名詞・代名詞（1）

基礎を固める問題を解こう の答
➡ 本冊 p.59

❶ (1) babies　(2) sandwiches
(3) knives　(4) tomatoes　(5) feet
(6) Japanese　(7) sheep
(8) crises　(9) passers-by
(10) women drivers
❷ (1) family　(2) police, people
(3) Mathematics[Math]
(4) Health, wealth
❸ (1) their　(2) We
(3) you, your　(4) my, hers
(5) its　(6) itself

全訳＆解き方

❶ (1)「赤ん坊，赤ちゃん」語尾が〈子音字＋y〉の語は y を i にかえて -es。
(2) 語尾が ch は -es をつける。
(3)「ナイフ」語尾が f, fe で終わる語は v にかえて -es をつける語が多い。
(4)「トマト」o で終わる語には -es をつける。
(5)「足」foot → feet は不規則変化の複数形。
(6)「日本人」単数・複数が同形。
(7)「羊」sheep も単数・複数が同形。
(8)「危機」crisis → crises[kráisi:z] は外来語の複数形。
(9)「通行人」複合語は主要語を複数形にする。
(10)「女性ドライバー」man, woman のつく複合語は，両方の語を複数形にする。

2 (1) family は家族を1つのまとまりとして考える場合は単数扱い，家族の1人1人をさす場合は単数形であっても複数扱いする。
(2) 「警察」は通例 the police で複数扱い。
(3) mathematics（数学）は学問名で常に複数形で用いるが，一般的に単数扱いされる。
(4) health（健康），wealth（富）は抽象名詞。

3 (1) their は they [he と she の複数形] の所有格で「彼ら〔彼女ら〕の」の意味で用いる。
(2) 日本文の「ここは」から英文の主語が we「自分を含む人一般」と判断する。
(3) 「あなたの国では」の日本文から判断して英文の主語に you を用いること。
(4) hers = her bike
(5) 主語が Kyoto で，「その，それの〔＝京都の〕」の所有格だから its を用いる。
(6) itself は文の補語 kindness を強調する再帰代名詞。

19 名詞・代名詞（2）

基礎を固める問題を解こう の答
→本冊 p.61

1 (1) **Bob's**　(2) **girls'**
(3) **an old friend of my father's**
2 (1) **None**　(2) **one**　(3) **the other**
(4) **another**
3 (1) **Every**　(2) **All**　(3) **Each**
(4) **any**

全訳&解き方

1 (2) 名詞の所有格は 's で表すが，複数名詞の場合は，' のみを名詞につける。
(3) a と my を並べることはできないので，〈a …＋名詞＋of＋所有代名詞〉の形にする。
2 (1) 「だれも～ない」none
(2) 前に出てきた名詞の代わりとして one を用いる。
(3) 「1つは～，もう1つは…」 one ～，the other …
(4) 「もう1つのもの」another

3 (1) 「どの～」every girl が単数になっているので，every が入る。
(3) 動詞 has から each か every が考えられるが，every は形容詞的用法しかないので each と判断できる。
(4) 「いくつか」は名詞の前に some をつけて表すが，否定文や疑問文のときに，any を用いる。

20 形容詞・副詞

基礎を固める問題を解こう の答
→本冊 p.63

1 (1) **She found a ∧ hat in the shop.**
(2) **I am thirsty. I need something ∧ to drink.**
(3) **He has a study ∧ .**
(4) **The Internet is very ∧ .**
(5) **Mary always keeps her room ∧ .**
2 (1) **few apples**　(2) **few**
(3) **much**　(4) **a little**
3 (1) **usually goes to school by bus**
(2) **The wind blew very hard.**
(3) **He often comes to see me.**

全訳&解き方

1 (1) 「彼女はその店ですばらしい帽子を見つけた」
(2) 「のどが渇いた。何か冷たい飲み物が必要だ」
〈something＋形容詞＋不定詞〉の語順になる。
(3) 「彼は本がぎっしりつまった書斎を持っている」〈full of books〉は形容詞句（2語以上でまとまった意味を表す）で，study の後ろに置く。
(4) 「インターネットはとても役に立つ」
〈S＋V＋C〉の構造。The Internet is useful. の関係。
(5) 「メアリーはいつも部屋をきれいにしている」
〈S＋V＋O＋C〉の構造。Her room is clean. の関係。

2 ⑴「数が少し」 **a few**
　⑵「数がほとんどない」few **a がつかない点に注意。**
　⑶ milk は数えられない名詞なので，much が入る。
　⑷ money は数えられない名詞なので，a little が入る。

3 ⑴ usually，⑶ often のように **頻度を表す副詞は，一般動詞の前，be 動詞〔助動詞〕の後に置く。**

テストによく出る問題にチャレンジ の答
→本冊 p.64

1 ⑴① ⑵② ⑶③ ⑷① ⑸④
　⑹② ⑺③ ⑻④ ⑼①

2 ⑴ **the others** ⑵ **ones**
　⑶ **one** ⑷ **the other**

3 ⑴ **nothing except what she was told**
　⑵ **I'll make my parents happy.**
　⑶ **a friend of my brother's at the bookshop**
　⑷ **help yourself to anything**
　⑸ **Can you wait for me a few minutes?**
　⑹ **His answers are always incorrect.**

4 ⑴ **The girl finished her cake and asked for another.**
　⑵ **Did you make any mistakes? ― Yes. I made two big ones.**
　⑶ **To know is one thing, to teach (is) quite another.**
　⑷ **Ken and Jane helped each other.**

全訳&解き方

1 ⑴「サッカーの試合は大勢の観客の前に置かれた大きなスクリーンに映し出された」「大勢の観客」は a large audience。
　⑵「今年，2月には雪の日はほとんどなかった」days は数えられる名詞なので，few（ほとんど～ない）が入る。
　⑶「今年の6月にはたくさんの雨が降るだろう」
　⑷「現在では，家庭で DVD を見ることを好むので，映画館へ行く人々は少なくなっている」fewer ～「～が（以前より）少ない」
　⑸『私は昨日テレビゲームを3本買ったよ』『うらやましいな。1つ貸してくれない』」**前に出てきた名詞と同じものをさす one。**
　⑹「もう推理小説を読みましたか」否定文で「もう」は yet。
　⑺「あなたはレポートをまだ終えていないそうですね」「まだ」still
　⑻「これは今まで読んだ本の中で最高に良い本です」
　⑼「私たちはこの手紙のお返事を速やかにいただけることを期待しています」文脈から quickly「すばやく」を選ぶ。lately「最近」，frequently「頻繁に」，recently「最近」

2 ⑴「私たちは犬を3匹飼っている。1匹は黒で，他の（2匹）は白です」**the others は3つ以上の中から1つをとった残り全部**を表す代名詞。
　⑵「これらはあなたの本ですか。植物について良いのを何冊かお借りしたいのですが」ones ＝ books で，ones は不特定に前出の複数の名詞の代わりに用いる。
　⑶「この時計は気に入りません。もっと値段の安いのを見せてください」a cheaper one ＝ a cheaper watch で，one や ones には冠詞や形容詞がつくこともある。
　⑷「彼女には2人の息子がいて，1人は先生で，もう1人は会社員です」**the other は「（2つ〔2人〕の中の）もう一方」**の意味を表す場合に用いる。

3 ⑴ nothing は「何も～ない」の意味を表す否定の代名詞。前置詞 except（～以外に）の目的語に what の導く名詞節が使われている。
　⑶ a と my を並べて，a my brother's friend は間違い。「私の兄の友だち」a friend of my brother's
　⑷「自由に取って食べる」help oneself to

(5)「2,3分」a few minutes
(6) always(いつも)のように**頻度を表す副詞は，一般動詞の前，be動詞/助動詞の後に置く。**

❹ (1)「もう1つ」another
(2) two big mistakes = two big ones
one はすでに話題にのぼっている名詞の反復を避けるために用いられる。複数のものをさす場合は，ones と複数にする。
(3) A is one thing, and B (is) another.「AとBとは別である」の慣用表現。ここは「まったく」を表す quite を入れる。

21 疑問詞

基礎を固める問題を解こう の答
→ 本冊 p.67

❶ (1) Whose (2) Which (3) Who
(4) What (5) What

❷ (1) Where do you come from?
(2) How long does it take to go from here to the station?
(3) Why was she absent from school last week?
(4) When did you meet him at the library?
(5) How did he come here?

❸ (1) I don't know why Mr. Kimura was late for school today.
(2) Please tell me when you will arrive here.
(3) I wonder how many students there are in our school.
(4) Let's ask him if he will attend the junior high school reunion.

全訳＆解き方

❶ (1)「『これらはだれの本ですか』『それらは私のです』」返答に mine = my books を使っているので，疑問代名詞の所有格 whose(だれの)を選ぶ。
(2)「『これらの2冊の本のどちらを読みましたか』『それらのどちらも読みませんでした』」返答に使っている neither(2つのうちのどちらも〜ない)に対応する疑問詞は which(どちら)。
(3)「『あそこに(動かないで)じっと立っている少年はだれですか』『ケンです』」疑問文の主語は that boy で，疑問詞 who は補語。still「じっとした」
(4)「『あなたのお父さんのお仕事は何ですか』『会社員です』」質問文は，「(職業として)何をしていますか」の意味の表現。
(5)「『今日は何曜日ですか』『木曜日です』」

❷ (1)「『あなたはどこの出身ですか』『オーストラリアです』」come from 〜「〜出身です」出身地をたずねる疑問詞は where。
(2)「『ここから駅まで行くのにどのくらいかかりますか』『約20分かかります』」
(3)「『彼女は先週なぜ休んだのですか』『ひどい風邪をひいていたからです』」答の中心が because of a bad cold = because she had a bad cold(ひどい風邪をひいていたから)なので，why を用いて理由をたずねる疑問文にする。
(4)「『あなたはいつ図書館で彼に会ったのですか』『昨日です』」時(yesterday)を答えているので，疑問副詞の when を用いる。
(5)「『彼はここにどのようにして来ましたか』『自転車で来ました』」by bike(自転車で)と**手段を答えているので，howでたずねる。**

❸ どの解答文も間接疑問の文。疑問詞のある疑問文が節になる場合は，〈疑問詞＋主語＋動詞〉の語順になる。
(1)「なぜ木村さんが今日学校を遅刻したのか私は知らない」
(2)「いつあなたがここに到着するのか教えてください」
(3)「ぼくたちの学校には生徒が何人いるのだろう」
(4)「彼に中学校の同窓会に出席するかどうか聞きましょう」疑問詞のない疑問文が節になる場合は接続詞の if[whether](〜かどうか)を加え，**〈if[whether]＋主語＋動詞〉**

22 関係詞（1）

基礎を固める問題を解こう の答
→ 本冊 p.69

1 (1) who[that]　(2) which[that]
(3) whose　(4) that

2 (1) **which[that] I wanted to buy wasn't at the shop**
(2) **whose name I didn't know came to my house**
(3) **the keys which[that] you are looking for**

3 (1) **What is important to you is**
(2) **from what it was ten years ago**

4 (1) **I visited the city where I lived when I was in university**
(2) **the day when we first met**
(3) **the reason why he didn't agree to my proposal**

全訳&解き方

1 (1)「私は助けてくれた男性に感謝した」関係代名詞が動詞 help の主語となる主格 who。
(2)「あなたは昨日なくした鍵を見つけましたか」関係代名詞が動詞 lost の目的語となるので目的格を用いる。
(3)「あなたは自転車を盗まれた少年を知っていますか」所有格 whose＋名詞 bicycle で「少年の自転車」の意味になる。
(4)「これが私が持っている全額のお金だ」先行詞に all がついているので関係代名詞は that を用いる。動詞 have の目的語になるので目的格の that。

2 (1)「私が買いたかった CD はあの店になかった」the CD が2つ目の文では目的語 it なので、目的格 which[that] を用いる。
(2)「私が名前を知らない男性が私の家に来た」a man が2つ目の文では his となっているので、所有格 whose を用いる。
(3)「これらはあなたが探していた鍵ですか」the keys が2つ目の文では前置詞 for の目的語となっているので、目的格 which[that] を用いる。

3 (1) 関係代名詞 **what** には先行詞(＝**the thing(s)**)を含んでおり、「～するもの，こと」の意味を表す。
(2) 〈what＋S＋was[were]〉で「過去の～」。

4 (1)「最近、私は大学時代に住んでいた町を訪れた」2つ目の文の in the city が関係副詞 where となる。
(2)「私たちが初めて会った日を覚えていますか」2つ目の文の on the day が関係副詞 when となる。
(3)「彼が私の提案に賛成しなかった理由が知りたい」the reason につく関係副詞は why。

23 関係詞（2）

基礎を固める問題を解こう の答
→ 本冊 p.71

1 (1) **which**　(2) **who**　(3) **which**
(4) **where**　(5) **which**　(6) **when**

2 (1) **which** 彼らはハロウィーンパーティーをする予定で、それはとてもおもしろそうだ。
(2) **when** 彼女は金曜日に祖父を訪問して、その時花火を見た。
(3) **which** 私のおじは先週ロンドンから帰って来たが、私はそれを知らなかった。

3 (1) **whoever says**
(2) **whatever you like**
(3) **Whenever I see**
(4) **wherever you want**
(5) **however fast**

全訳&解き方

1 (1)「彼は私に鍵をくれたが、それは私のポケットにある」＝He gave me the key, **and it** is in my pocket.

(2)「彼の息子は35歳をこえているが,まだ独身だ」主語の後ろに非制限用法の関係詞節が挿入されている。

(3)「私たちはそのホテルに滞在した,彼が私に勧めてくれたからだ」where ではなく**目的格のwhichを用いることに注意**。
＝We stayed at the hotel, **because** he recommended **it** to me.

(4)「私たちはその村を訪問した,そしてそこに2週間滞在した」＝We visited the hotel, **and** we stayed **there** for two weeks.

(5)「彼は同じ間違いをした,それで彼の両親はがっかりした」**前の文の内容を指す非制限用法のwhich**。＝He made the same mistake, **and it** disappointed his parents.

(6)「すべての季節の中で私は春が一番好きだ,たくさんの花が咲くから」＝Of all the seasons I like spring best, **because** many flowers come out **then**.

2 (1)＝They will have a Halloween party, **and it** sounds very interesting.

(2)＝She visited her grandfather on Friday, **and then** she saw fireworks.

(3)前の文の内容を指す非制限用法のwhich。＝My uncle came back from London last week, **but** I didn't know **it**.

3 (1) whoever「〜する人はだれでも」形の上では3人称単数扱い。

(2) whatever「〜するものは何でも」

(3) whenever「〜するときはいつでも」

(4) wherever「〜するところはどこでも」

(5) however「たとえどんなに〜しても」「〜しようとも」と譲歩の意味を表す。

テストによく出る問題にチャレンジ の答
➡本冊 p.72

❶ (1) **What** (2) **How about** (3) **How** (4) **How long** (5) **How far**

❷ (1) **whose** (2) **where** (3) **when** (4) **×** (5) **why** (6) **who** (7) **which**

❸ (1) ④ (2) ④ (3) ① (4) ② (5) ② (6) ② (7) ④

❹ (1) **Whatever has** (2) **which made** (3) **reason why** (4) **wherever he**

❺ (1) **What the dictionary says is not always**
(2) **Jane bought at the bookstore**
(3) **phoned all the people that were on his**
(4) **gets fat however much he eats**

全訳&解き方

❶ (1)「『あなたのお父さんの職業は何ですか』『銀行で働いています』」What do 〜（人）do? は職業をたずねる疑問文。

(2)「『ドライブに行くのはどう？』『いいね』」How about -ing?「〜するのはどうですか」

(3)「『どのようにしてここに来たのですか』『地下鉄でです』」By subway という答えから**方法を問う how** が正解だとわかる。

(4)「『この仕事を済ませるのにどれくらいの時間がかかりますか』『1週間ほどです』」How long does it take to 〜?「〜するのにどれくらいの時間がかかりますか」

(5)「『ここからあなたの家までどれくらいの距離がありますか』『1マイルほどです』」How far is it from 〜 to ...?「〜から…までどれくらいの距離がありますか」

❷ (1)「パスポートを盗まれた女の子の名前は何と言いますか」先行詞 the girl のパスポートなので whose を用いる。

(2)「この近くにはがきを買える店がありますか」関係詞以下は I can buy postcards in the shop. と考えられるので,関係副詞

where。
(3)「私たちが出発した日は寒くて風が強かった」関係詞以下 started までは We started on the day. と考えられるので関係副詞 when。
(4)「私たちが昨日訪れた動物園は多くの野生動物がいた」関係副詞ではなく関係代名詞であることに注意。動詞 visited の目的語なので目的格の関係代名詞が入る。目的格の関係代名詞は省略できる。
(5)「昨日あなたが会合を欠席した理由を教えなさい」先行詞 the reason が省略されている。
(6)「その人は信頼できる，約束を破ったことがないから」break one's promise「約束を破る」
(7)「日本は急激に高齢化している，それが問題だ」前の文の内容全体を先行詞とする非制限用法の which。

3 (1)「彼女はボストンに住んでいるが，そこはここから飛行機で12時間だ」動詞 is の主語なので関係副詞 where ではなく関係代名詞 which。
(2)「私があなたに言ったことはとても大事だ」what で始まる節は文中で主語の働きをしている。
(3)「私は部屋から出ようとしていた，その時に電話が鳴った」
(4)「私たちが京都で滞在したホテルの名前は何と言いますか」関係詞以下は We stayed at the hotel in Kyoto と考えられるので関係副詞 where。
(5)「(自分の)子供に子供ができた母は祖母となる」先行詞 a mother の子供なので，whose を用いる。
(6)「彼女は両親を尊敬していると思える少年たちが好きだ」主格の関係代名詞 who と動詞 have の間に she thinks が挿入されている。
(7)「私は電話で話した人の名前を知らない」〈前置詞＋関係代名詞〉の形。I spoke to the man on the phone.

4 (1) whatever は単数扱いなので，動詞は has。

(2) 前の文の内容全体が先行詞となる。
(3)「～という理由」の意味から，先行詞 reason と関係副詞の why が入る。

5 (1)「(書籍，雑誌，新聞などに)書いてある」は say を用いる。not always は部分否定で「いつも～とは限らない」の意味になる。
(2) 目的格の関係代名詞 which[that] が省略された形。
(3) 先行詞を強い意味で限定する all がついているので，関係代名詞は that を用いる。
(4) however は語順に注意。〈however＋形容詞・副詞＋S＋V〉

24 比 較 (1)

基礎を固める問題を解こう の答

➡ 本冊 p.75

1 (1) **taller, tallest**
(2) **easier, easiest**
(3) **nobler, noblest**
(4) **more, most**
(5) **more useful, most useful**
(6) **earlier, earliest**
(7) **hotter, hottest**
(8) **less, least**

2 (1) **heavier** (2) **not, new**
(3) **as fast as** (4) **much better**
(5) **a little larger**

3 (1) **is the hottest month of the year**
(2) **was by far the best in**

全訳＆解き方

1 (2) easy のように，〈子音字＋y〉で終わる語は，y を i に変えて -er, -est をつける。
(3) noble のような -e で終わる語は，-r, -st だけをつける。
(4) many は，more－most と不規則変化をする。
(5) useful は，前に more－most をつける。

(7) hot のような〈短母音＋1子音字〉で終わる語は，子音字を重ねて -er, -est をつける。
(8) little は，**less－least** と不規則変化をする。

2 (1) heavy（重い）は，y を i に変えて -er をつける。
(2)「…ほど～ない」は **not as[so] ～ as ...**。
(4)(5)「～よりかなり…」「～より少しだけ…」と比較の程度を表す語句は，比較級の前に置く。

3 (2)「ずば抜けて 1 番～」と最上級の意味を強調する語句は，最上級の前に置く。

25 比 較（2）

基礎を固める問題を解こう の答
→ 本冊 p.77

1 (1) so much, as
(2) as, as, could
(3) four times larger

2 (1) The older he grows, the wiser he
(2) no more a bird than a rat is
(3) is the third largest island in

3 (1) Mt. Fuji is higher than any other mountain in Japan.
(2) No other mountain in Japan is as high as Mt. Fuji.
(3) No other mountain in Japan is higher than Mt. Fuji.

全訳＆解き方

1 (1)「彼女は歌手というよりは作詞〔曲〕家です」not so much A as B「AというよりはむしろB」
(2)「ビルはできるだけ速く走った」**as ～ as possible＝as ～ as＋主語＋can**「できるだけ～」過去の文なので，can は could にする。
(3)「新しい公園は古い公園の4倍の大きさである」 __ times as ～ as ... で「…の一倍の～」

2 (2)「～でないのは…ないのと同じ」 no more ～ than ...
(3)「3番目に～な」〈the third＋最上級〉

3 (1)〜(3) すべて最上級と同じ意味を表す。
(1)「他のどんな…よりも～である」〈比較級＋than any other＋単数名詞〉
(2)「～ほど…なものはない」〈No (other)＋単数名詞＋as[so]＋原級＋as ～〉
(3)「～より…なものはない」〈No (other)＋単数名詞＋比較級＋than ～〉

テストによく出る問題にチャレンジ の答
→ 本冊 p.78

1 (1) ② (2) ③ (3) ④ (4) ③ (5) ②
(6) ① (7) ④ (8) ② (9) ④

2 (1) three times, as
(2) No other, as
(3) The more, the less

3 (1) has become one of the greatest physicists
(2) five times as many books as I used
(3) the third fastest runner in his class
(4) contact me as soon as possible
(5) grown faster than those of its
(6) There is nothing more interesting than the Internet.
(7) is larger than any other lake in

全訳＆解き方

1 (1)「地震は少しも予想していないときに私たちを襲うそうだ」「私たちが予想している最も少ないときに」と考えて，little の最上級 least を入れる。them＝earthquakes
(2)「この橋はあの橋のだいたい3倍の長さです」 __ times as ～ as ... の倍数を表す表現。that one＝that bridge

(3)「ヨガが若い女性たちにいっそう人気になってきている」

(4)「ジムは最初のレースでは最も速く泳いだが，決勝戦ではマイクほど速くはなかった」not as ~ as ... は as ~ as の否定形で，「…ほど~でない」

(5)「あれは私が今までに見た最も美しい虹だ」〈the＋最上級~＋(that〔関係代名詞〕)＋S＋ever ...〉の「…する中で一番~」

(6)「彼は現在の最もずば抜けて才能のある野球選手だと思います」「ずば抜けて」by far very も最上級を強調するが，very は the と最上級の間に置く。

(7)「『寒いですね』『ええ。でもきのうほど寒くはありません』」

(8)「その問題が最初に思ったよりも難しいことが私たちにはすぐわかった」省略されている語句を補うと，~ than we had first thought it was difficult.

(9)「この本はあの本の2倍の重さです」「倍数」は＿times as ~ as ... を用いるが，「2倍」「半分」の表現には **twice[half] as ~ as ...** を用いるので注意。that one = that book で，one は名詞のくり返しをさける代名詞。

2 (2)「~ほど…なものはない」〈no other＋単数名詞＋as[so]＋原級＋as ~〉

(3)「~すればするほど(それだけ)ますます…」〈**the＋比較級~，the＋比較級 ...**〉

3 (1)「最も~なもののひとつ〔1人〕」を表す場合は，〈**one of the＋最上級＋複数名詞**〉を用いる。

(2)「私がかつて~していた」I used to

(3)「3番目に~な」〈the third＋最上級〉

(6)「~がない」There is nothing ~，-thing で終わる名詞の場合，形容詞は名詞の後に置く。

(7)「他のどの~よりも」〈比較級＋than any other ~〉

26 前置詞

基礎を固める問題を解こう の答
→本冊 p.81

1 (1) エ　(2) ウ　(3) オ
(4) イ　(5) ア

2 (1) in　(2) on　(3) over
(4) for　(5) of

3 (1) I must finish the homework by
(2) It happened on the morning of
(3) He has been busy since
(4) My father will come back in a week.
(5) I went to the seaside three times during

全訳＆解き方

1 (1)「その本はとても役に立つ」叙述的に用いられた句である。＝very useful

(2)「この部屋のすべてのものは兄のです」in this room は everything を修飾している。

(3)「おじはロンドンに住んでいる」in London が動詞 lives を修飾している。

(4)「母は朝早く起きる」in the morning が動詞 gets (up) を修飾している。

(5)「その俳優は才能のある人だ」of genius が名詞 a man を修飾している。

2 (2)「~の上に」on ~
(3)「~の真上に」over ~
(4)「~に向かって」leave for ~
(5)「(外に向かって)~から」(out) of ~

3 (1) **by** Thursday「木曜日までに」 物事が完了する最終期限を表す。

(2) on the morning of ~「~の朝に」「特定の朝」には **in** ではなく **on** を用いる点に注意する。

(3) 過去のある時点から現在までは since ~ を用いて表す。

(4)「現在から~が経つと」「~すれば」in ~ を用いる。

(5)「~の間中」during

27 接続詞（1）

基礎を固める問題を解こう の答
→ 本冊 p.83

1 (1) **and**　(2) **or**　(3) **but**　(4) **that**
2 (1) **or**　(2) **but**　(3) **and**　(4) **or**
　(5) **Go, and**
3 (1) **sure that Bob will win the game**
　(2) **doubt if he is telling the truth**
　(3) **Whether Ken will come to the party or not**

全訳＆解き方

1 (1)「彼女は朝食にパンと目玉焼を食べるのが好きだ」
(2)「紅茶かコーヒーをお飲みになりませんか」
(3)「彼女は幼いが，英語を上手に話すことができる」
(4)「地球は丸いことをみんな知っている」
2 (1)「〜かそれとも…」or
(2)「〜だが，…」but　butの前後の文は逆接の関係を表している。
(3)「〜そして…」and
(4) 〈命令文＋, or ...〉「〜しなさい，そうしなければ…」
(5) 〈命令文＋, and ...〉「〜しなさい，そうすれば…」
3 (1)「〜だと思う〔確信している〕」I'm sure that 〜.
(2)「〜かどうか疑わしい」I doubt if 〜.
(3)「〜かどうか」whether 〜 or not

28 接続詞（2）

基礎を固める問題を解こう の答
→ 本冊 p.85

1 (1) **while**　(2) **before**　(3) **until**
　(4) **before**　(5) **Every**　(6) **as**
　(7) **sooner**
2 (1) **Because[Since / As]**　(2) **so that**
　(3) **so, that**　(4) **so that**
　(5) **in case**
3 (1) **will get cold unless you drink it**
　(2) **for a walk though it was raining**

全訳＆解き方

1 (1)「私は試験勉強をしている間に眠ってしまった」「〜する間に」while 〜
(2)「出かける前に明かりを消しなさい」「〜する前に」before 〜
(3)「彼が戻ってくるまでここで待っていなさい」「〜まで(ずっと)」until[till] 〜
(4)「まもなく彼女はまた良くなるだろう」it will not be long before 〜「まもなく〜」
(5)「この写真を見るたびに，私は旅行を思い出す」every time 〜「〜するたびに」
(6)「年を取るにつれて必ずしも賢くなるわけではない」「〜につれて」as 〜
(7)「部屋に入るとすぐにベルがなった」「〜するとすぐに…」no sooner 〜 than ...
2 (2)「…，それで〜」..., so that 〜
(3)「とても〜なので…」so 〜 that ...
(4)「〜が…できるために」so that 〜 can ...
(5)「〜しないように…」in case 〜 should ...
3 (1)「もし〜しなければ」unless 〜
(2)「〜だけれども」though 〜

29 時制の一致；話法

基礎を固める問題を解こう の答
→ 本冊 p.87

1 (1) **I believed that she was honest.**
　(2) **I expected that the Internet would make the world much smaller.**
　(3) **We learned that World War II ended in 1945.**

(4) We learned that the sun rises in the east and sets in the west.
(5) She said that she was going shopping with her mother.

2 (1) told, he wanted to see, next [following] day
(2) asked, if[whether], had finished
(3) asked, if[whether], had seen
(4) asked, how often, I took
(5) said to, Are you

全訳＆解き方

1 (1)「私は彼女が正直だと信じていた」
(2)「インターネットのおかげで世界はずっと小さくなるだろうと思った」
(3)「私たちは，第二次世界大戦が1945年に終結したと習った」歴史上の事実の場合は，時制の一致を受けないので，過去形のまま。
(4)「私たちは太陽が東から昇って西に沈むと習った」一般的真理は，時制の一致を受けないので現在形のまま。
(5)「彼女は母親と買い物に行っていたと言った」

2 (1)「彼は私に，明日君に会いたいと言った」
(2)「彼女は私に，宿題は終わったのとたずねた」say to → tell にかえる。tomorrow は the next[following] day にかえる。
(3)「見知らぬ人が私に，以前あなたは私に会ったことがありますかとたずねた」say to → ask にかえる。疑問詞のない疑問文の場合は，if[whether] を用いる。
(4)「医者は私に，1日に何度薬を飲みますかとたずねた」疑問詞のある疑問文は，その疑問詞を用いる。
(5)「私は母に，体調はとてもいいのかとたずねた」間接話法から直接話法への書きかえ。

テストによく出る問題にチャレンジ の答
➡ 本冊 p.88

1 (1) ③ (2) ④ (3) ② (4) ④ (5) ④
(6) ③ (7) ③ (8) ③ (9) ②

2 (1) used, when (2) while, out
(3) if

3 (1) told, he
(2) asked, where, had parked
(3) her, was, then
(4) asked, why I, before

4 (1) Go straight, and you will find the supermarket on your right.
(2) whether I would be free the next day
(3) The manager told me that the hotel was full.
(4) remember whether we turn left here or
(5) The problem is that we don't have much

全訳＆解き方

1 (1)「彼女の演技は初心者には十分すばらしいものだった」for「～にとって」
(2)「『急ぎなさい，そうしないと遅れるよ』『心配しないで。2，3分で準備できるわ』」 in「～以内に」
(3)「これは彼が若いときに住んでいた家です」
(4)「昨日から何も食べていません」since ～「～以来」
(5)「もし雨が降れば家にいます」if「もし～ならば」条件を表す if 節の中では，未来のことを現在形で表す。
(6)「もし真実を言わないならば，私はあなたを助けることができません」unless「もし～しないならば」
(7)「たとえ疲れていても，歩くのをやめるべきではない」even if ～「たとえ～でも」
(8)「これらの服をとっておきたいだろうけれど，私は捨てます」though「～だけれども」
(9)「なくすといけないのでかばんに名前を書きなさい」「…に備えて」in case ～ (should) ...

2 (1)「～のとき，～の頃」when，「昔～したものだった」used to ～
(2)「～する間に」while

3 (1)「私は彼に，早く起きるべきだと言った」
(2)「アンは私に，あなたはどこに自転車を停めたのとたずねた」
(3)「ケイトは，私の父は今出張でインドにいるのと言った」
(4)「先生は私に，どうして昨日は学校に遅刻したのですかとたずねた」

4 (1)「～しなさい，そうすれば」〈命令文＋, and ～〉
(2)「明日」the next day
(4)「～かどうか」whether ～ or not
(5) that ～ は文中で補語の働きをしている。

30 仮定法（1）

基礎を固める問題を解こう の答
→ 本冊 p.91

1 (1) 2　(2) 1　(3) 2　(4) 2　(5) 1

2 (1) could speak　(2) went
(3) would go　(4) were[was]
(5) would, ask

3 (1) could speak
(2) could buy
(3) could be
(4) cut
(5) could call, knew

全訳&解き方

1 (1)「ピアノが弾けたらなあ」「弾ける」が could play と過去形になっていることから，仮定法とわかる。
(2)「明日雨が降れば，私はここにいます」if 節が現在形で，主節が未来の表現の場合は直説法である。
(3)「今日暇であれば，映画に行くのですが」
(4)「お金が十分あれば，上着を買うのですが」
(5)「彼女はその本を見つけないと思う」

2 (1)〈I wish＋S＋動詞の過去形〉「～ができればなあ」
(2)〈It is time＋S＋過去形〉「～する時間です」

(3)〈If＋S＋were［動詞の過去形］，S＋助動詞の過去形＋動詞の原形～〉「もし～なら，…だろうに」
(4) 主節が would go になっているので仮定法過去と判断する。be 動詞の過去形を入れる。

3 (1)「彼が英語を話せたらなあと思う」I am sorry he can't ～ ＝ I wish he could ～
(2)「十分なお金を持っていれば，新しい車を買うのに」
(3)「もう少し背が高ければ，ファッションモデルになれるのに」「私はもう少し背が高くないので，ファッションモデルになれない」仮定法を用いる。
(4)「もう散髪するときですよ」散髪を勧めている。〈It is time＋S＋過去形〉「～する時間だよ」
(5)「彼女の電話番号を知っていれば，電話できるのに」「私は彼女の電話番号を知らないので電話できない」仮定法を用いる。

31 仮定法（2）

基礎を固める問題を解こう の答
→ 本冊 p.93

1 (1) hadn't said
(2) had seen
(3) could have bought

2 (1) were, to
(2) were to, would
(3) should rain

3 (1) If it were not for your help
(2) If it had not been for his advice
(3) talks as if he knew everything
(4) as if he had lived there

全訳&解き方

1 (1)「あなたはそんなことを言わなければよかったのに」〈I wish＋S＋had＋過去分詞〉「～であればよかったのに」過去の事実に反す

る願望を表す。
(2)「あなたは私の上司に会っていたらよかったのに」
(3)「私はお金が十分あったら，家を買えたのに」「～できたのに」と過去の事実と反対の仮定を述べる〈If＋S＋had＋過去分詞，S would[could] have＋過去分詞〉を使う。

2 (1)〈If＋S＋were to＋動詞の原形，S＋would など＋動詞の原形〉「仮に～するなら」
(2)〈If＋S＋were to＋動詞の原形，S＋would など＋動詞の原形〉は，全く可能性がない場合にも用いられる。
(3) 条件節が〈If＋S＋should＋動詞の原形〉の場合は，主節が単純未来になることも多い。

3 (1) If it were not for ～「もし～がなければ」〈仮定法過去〉
(2) If it had not been for ～「もし～がなかったならば」〈仮定法過去完了〉
(3) as if 以下の時制は主節と同じ時制ならば，仮定法過去を用いる。
(4) as if 以下の時制が主節より前の時制ならば，仮定法過去完了を用いる。

テストによく出る問題にチャレンジ の答
→ 本冊 p.94

1 (1) ② (2) ① (3) ① (4) ② (5) ④
2 (1) Should   (2) would
(3) had
(4) would have been
3 (1) ② (2) ② (3) ③ (4) ④ (5) ③
4 (1) looked as if she had been ill
(2) If anyone were to talk to me like that
(3) wish I could speak English as fluently
(4) I could have been in time for the train

全訳＆解き方

1 (1)「『彼はとてもスキーがじょうずですね』『はい，本当に上手です。彼のように滑れたらなあ』」〈I wish＋S＋動詞の過去形〉「～できたらいいのに」と現在の事実に反する願望を表す。
(2)「『私は現在の仕事が好きだが，もっとお金を儲けたいなあ』『私もだ。もし儲けたら，新しい車が買えるのになあ』」did＝made more money なので，If I made more money, I could buy a new car. となる。
(3)「私は去年コンピューターを買わなかったら，今なお古いコンピューターを使っていることでしょう」if節は仮定法過去完了でも，主節が現在の事実に反することを表す場合は，主節に仮定法過去の形〈would など＋動詞の原形〉(would be) を用いる。
(4)「『私は昨日車が壊れたので授業に出なかった』『私の車を使ったらよかったのに。私は使っていなかったから』」条件節 If you had wished（もしあなたが望んだのなら）が省略されている。昨日のことで過去の事実と反対の仮定を述べているので，仮定法過去完了。
(5)「頼まれていたら，もっと早く来たのですが」仮定法過去完了。

2 (1)〈If＋S＋should＋動詞の原形，S＋would など＋動詞の原形〉「万一～すれば」If が省略されると，主語と should が倒置される。
(2)(3)〈If＋S＋were[動詞の過去形]，S＋助動詞の過去形＋動詞の原形～〉「もし～なら，…だろうに」
(4) otherwise＝if he had not overslept that morning と書きかえられるので，結論の文は〈S＋would have＋過去分詞〉になる。

3 (1)「彼はテレビゲームをもう止める時だ」〈It is time＋S＋過去形〉「～する時間ですよ」
(2)「私は彼女のお兄さんに会っていればよかった」過去の願望を表すので，〈I wish＋S＋had＋過去分詞〉。
(3)「もし彼女がスペイン語を上手に話せたら，雇うのですが」現在の事柄なので仮定法過去。

(4)「彼はもし熱心に働いていたら、人生に成功しただろうに」過去の内容なので、仮定法過去完了を用いる。
(5)「あなたがいなければ、私たちの計画は成功しなかっただろう」主節が仮定法過去完了から、if節も仮定法過去完了になる。

❹ (1)「まるで～だったかのように」〈as if + S + had + 過去分詞〉
(2)「もし仮に～したら」〈If + S + were to + 動詞の原形〉
(4) 過去の事実に反する仮定を表しているので、仮定法過去完了〈If + S + had + 過去分詞, S + would[could] have + 過去分詞〉にする。

32 否定

基礎を固める問題を解こう の答
→本冊 p.97

❶ (1) few　(2) None
(3) little　(4) Nobody
(5) hardly　(6) seldom

❷ (1) don't, all
(2) Not everybody[everyone]
(3) don't always
(4) Not both

❸ (1) where we stayed last week was far from
(2) the last person to break her promise
(3) He eats nothing but curry and rice for

全訳&解き方

❶ (1)「この規則には例外はほとんどない」数えられる名詞を「ほとんどない」と否定するには few を用いる。
(2)「彼女の友だちはだれも彼女に会いに来なかった」none of ～ で「～のだれも、どれも」となる。nobody of ～ という形はない。
(3)「私たちにはその国の知識はほとんどない」数えられない名詞を「ほとんどない」と否定するには little を用いる。
(4)「だれも彼の言うことを信じない」
(5)「何が起こったのかほとんど思い出せない」hardly は動詞について「ほとんど～しない」。
(6)「彼はとても穏やかだ。めったに腹を立てない」seldom は動詞について「めったに～しない」。

❷ (1) not all[every] で「すべて～というわけではない」という部分否定。every of ～ という形はないので all を用いる。
(2) 動詞の形が likes と3人称単数なので、everybody[everyone] を用いた部分否定にする。
(3) not always で「いつも～というわけではない」という部分否定。
(4) not both で「両方〔2つ、2人〕とも～というわけではない」という部分否定。

❸ (1) far from ～「まったく～でない」という強い否定。
(2)〈the last ～ to 不定詞〉「決して…しない～」
break one's promise「約束を破る」
(3) nothing but ～「～だけ」 この but は「～を除いて、～以外は」の意味。

33 倒置・強調・省略・挿入・同格

基礎を固める問題を解こう の答
→本冊 p.99

❶ (1) Behind this hotel stood a tall tree.
(2) Never have I read such an exciting novel.
(3) It was yesterday that I heard the news.

❷ (1) Dick did lose the watch his father bought for him.
(2) What on earth did you say to him?

3 (1) **I'll be glad to meet him tomorrow.**
(2) **I'm sorry I was late.**
(3) 寒かった，さらに悪いことに雨が降り出した。
(4) あなたは大きな間違いをしているのではないかと思う。
(5) 実を言うと，私は今夜パーティには行きたくない。
(6) 兄〔弟〕はテニス選手になるという考えをあきらめた。
(7) 私はそこにはまったく店がないという事実を知っている。

全訳＆解き方

1 (1)「このホテルの後ろに高い木が立っていた」〈副詞句＋V＋S〉の倒置。
(2)「こんなおもしろい小説は今まで読んだことがない」現在完了の文で否定語が前に出ると，〈否定語＋have＋S＋過去分詞〉の語順になる。
(3)「私がその知らせを聞いたのは昨日だった」〈It is ... that ～〉の強調構文。

2 (1)「ディックは父が彼に買ってくれた腕時計を本当になくしてしまった」〈do＋原形〉で動詞を強調する。
(2)「いったい彼に何を言ったのだ」疑問詞の直後の on earth は「いったい」と疑問の意味を強める。

3 (1)「『明日彼と会いませんか』『喜んで』」前に出た動詞が to 不定詞となって繰り返される場合，反復を避けるために to だけを用いる。
(2)「遅れてすみません」I'm sorry ～ の I'm はくだけた口語ではよく省略される。
(3) what is worse「さらに悪いことに」
(4) 主節の I'm afraid が挿入されている。
(5) to tell the truth「実を言うと」(3)～(5)はいずれも慣用的な挿入句。
(6) 同格の of。the idea of becoming a tennis player(テニス選手になるという考え)
(7) the fact that ～「～という事実」前の名詞を具体的に説明する同格の that 節。

34 名詞表現・無生物主語

基礎を固める問題を解こう の答
→ 本冊 p.101

1 (1) **good cook**
(2) **take a rest**
(3) **sudden death**

2 (1) **enabled** (2) **What made**
(3) **allow** (4) **saved**

3 (1) **will make you feel better in**
(2) **strong green tea kept me awake all night**
(3) **The strong wind kept me from opening my umbrella.**

全訳＆解き方

1 (1)「父は料理が上手です」cook well＝be a good cook
(2)「少し休みたいです」rest＝take a rest
(3)「おばが急死したことをたった今聞いたところだ」die suddenly＝sudden death

2 (1) enable O to ～「Oが～するのを可能にする」
(2) make＋O＋C(動詞の原形)「Oに～させる」(使役)
(3) allow O to ～「Oが～するのを許す」
(4) save O from ～ing「Oが～しなくてすむようにする」〈save＋人＋名詞〉「(～の労力・時間)を省く」

3 (2) awake「～を起きたままにする」
(3) open one's umbrella「～の傘をさす」

テストによく出る問題にチャレンジ の答
→ 本冊 p.102

1 (1) ③ (2) ② (3) ④
(4) ③ (5) ④ (6) ②

2 (1) **I believe**
(2) **want[like] to**
(3) **if possible**

3 (1) **fluent speaker**

(2) **frank answer**
(3) **his innocence**
(4) **makes you**

❹ (1) **made her friends very happy**
(2) **Little did I dream that**
(3) **if you want me to**
(4) **a rumor that he came back from India**
(5) **have I seen such an impressive scene**

❺ (1) 私が欲しい本はどれもこの店では手に入らない。
(2) 私の祖母はめったに腹を立てない。

全訳&解き方

❶ (1)「私は彼に会ったことをしっかり覚えているが、いつどこでかは忘れた」〈do＋原形〉の強調。
(2)「いったいだれが君にそんなうそを言ったのだ」〈疑問詞＋on earth〉の強調。
(3)「もっと大きな声で話していただけませんか。あなたの声はとても小さくてほとんど聞こえません」〈hardly＋動詞〉の準否定。
speak up「大きな声で話す」
(4)「この若いバイオリン奏者と結婚するとは当時は想像もしなかった」**準否定語 little が文頭に出た倒置。**
(5)「私はなぜあなたが彼のために何もしないかわからない。なぜ彼を助けないの」
keep＋O＋from -ing「Oに〜をさせ

ない」無生物主語をとる表現。
(6)「彼は決して自分の義務を怠らない人だ」〈the last 〜 to ...〉

❷ (1)〈S＋V〉が文の主語の後ろに挿入されている。
(2) to の後に come to see me が省略されている。反復を避ける to。
(3) if possible「可能ならば、できれば」if it is possible の省略形。

❸ (1)「木村さんは英語を流ちょうに話す」〈動詞＋副詞〉の内容を**〈形容詞＋名詞〉**の形で表す言い方。
(2)「率直な返答をしなさい」
give an answer「答える、返答する」
(3)「その男は自分の無実を証明しようとした」
(4)「なぜあなたは中国語をそんなに懸命に勉強するのですか」
〈What makes＋O＋原形 〜 ?〉「何がOに〜させるのか→なぜOは〜するのか」

❹ (1) make O C が無生物主語で用いられている。
(2) 準否定語 little が文頭に出た倒置。
(3) go with you の反復を避ける代不定詞 to。
(4)〈名詞＋同格の that 節〉
(5)〈never have＋S＋過去分詞〉「今まで〜したことがない」

❺ (1) none of「〜はどれも［だれも］〜でない」
(2) rarely[seldom], if ever,「(もしあるとしても)めったに〜ない」

B